$11.-

Los más brutales
CHISTES *de*
GALLEGOS

Diseño de tapa: Isabel Rodrigué / María L. de Chimondeguy
Ilustraciones: O'Kif

Colección *MiX*: Creada y dirigida por Ricardo Parrotta

PEPE MULEIRO

Los más brutales
CHISTES de
GALLEGOS

MiX

PRIMERA EDICION
Marzo de 1996

CUARTA EDICION
Mayo de 1998

IMPRESO EN LA ARGENTINA

ISBN 950-07-1119-2

A **Chema Tello, Alvaro Nebot, Javier Sanz, Josechu Sanz y Arturo Rodríguez,** mis amigos **"gallegos".** Quiero que sepan que me hicieron pasar, en Madrid, una de las noches más inolvidables de mi vida. **Los quiero** y los recuerdo. Gracias, **"gallegos".**

Y como siempre a **Paula, Lucas y Sebastián**

Galicia es un grandioso
lugar para vivir...
siempre que usted sea
una lata de sardinas
o una boina.

–Oye, tú: ¿cómo te llamas?
–**Silver O' Sullivan.**
–Bueno... ¿en qué quedamos?

Comida gratis

Manolo y Pepe fueron los únicos sobrevivientes de un naufragio. Llegaron a una isla desierta.
–**¡Aquí nos vamos a morir de hambre, Manolo!**
–¡Tranquilo, Pepe! ¡He traído dinero!

Desfile

Pepe Muleiro y su mujer en el cuartel militar donde desfila como soldado su hijo Manolo.

–**Mira, Paca, mira: ¡todos con el paso cambiado menos nuestro Manoliño!**

Anólisis

–Paco, debe usted traer una muestra de orina, una de materia fecal y otra de semen.

–**Muy bien, doctor: aquí tiene usted.**

Paco se quitó los calzoncillos y se **los entregó al médico.**

Creo

–**Sospecho** que mi padre no me quería. Desde pequeño me aconsejaba: **"Cuando veas que una fiesta decae, por favor, Manolín, ¡jamás intentes animarla!"**

Apellido

–¿Cómo te llamas?

–**Manolo.**

–¿Y tu padre?

–**Igual.**

–¿Don Manolo?

–**No, don Igual.**

Calzones

–A las fiestas de cumpleaños de los niños pobres gallegos les dicen **Calzoncillos.**
–¿Por?
–Porque hay **un pito y dos globos para mil pendejos.**

Sangre

–Aunque los suizos casi nunca les dan puestos oficiales a los extranjeros, el zoológico estatal suizo **contrató a su primer guardián gallego.**
–¿Por?
–El gorila necesitaba urgentemente una **tranfusión de sangre.**

Un queso

–¿**Has visto, Paco, el dinero que ha ganado el Ford ése con los coches?**
–Eso no es nada, Manolo. ¿Y la fortuna que ha hecho el **Rockefeller** con los quesos?

Pan, para pan

La familia del gallego Paco pasaba un hambre monumental.
–Oye, padre, ¿cuándo vamos a comer pan de hoy?
–Mañana, hijo, mañana.

¿Están?

Paco y Manolo, los ladrones gallegos.
—¿**Está el dueño de la casa?**
—Sí, señor.
—**Entonces volveremos otro día.**

Mal

Paca, la gallega, era una pésima empleada.
—**¡Señora**, señora! ¡He perdido **al niño en la plaza!**
—¿Ah, sí? Pues se le descontará del sueldo.

La postura

El tema era Oriente Medio.
—**¿Tú qué opinas de la postura árabe, Manolo?**
—Pues a mí me agrada, pero a mi mujer le hace doler mucho **la cadera.**

Añares

—**¿Cómo anda, don Manolo?**
—Pues aquí, con mis 86 años a cuestas. Mucho tiempo en casa, como ves. Y muchos achaques. Tanto yo como mi mujer. Lo peor es que tenemos algunas pérdidas de memoria. Lagunas, ¿sabes? Pero encontramos un médico que nos da unas pastillas que nos curan muchísimo.
—**¡Cómo necesitaría yo un médico así!**

—¡Hombre! Es muy sencillo... este médico... es, es... Espera, espera que me acuerdo... Esteeee... ¿cómo se llama la iglesia ésa que está en Recoleta?
—**Del Pilar.**
—¡Eso, Pilar! ¡Oye, Pilar! ¿Cómo se llama el médico que nos ha dado las pastillas para la memoria?

Hablar

Entra un cliente a la pajarería del gallego Muleiro:
—**¿Es cara la cacatúa?**
—Disculpe, pero no hablo euskera.

Pepitín

—Oye padre: cuando me trajiste de París, **mamá, ¿sabía?**

Bailongo

—Me encanta bailar. Yo llevo el baile en la sangre, ¿sabes, Paca?
—**Entonces debes tener muy mala circulación, porque me parece que todavía no te ha llegado a los pies, Manolo.**

Despegar

—Yo soy piloto de aviones a reacción, ¿sabes, Paco? Vuelo a 15.000 metros y a 1.200 kilómetros por hora. Se puede hacer lo que se quiera con estos aparatos. Lo más difícil es despegarlos.

–¡Joder! Dime: ¿has probado con agua caliente?

¡Oiga!

Un astronauta gallego llama a la Tierra por radio:

–Oiga, ¿cabo La Coruña? **Un cohete acaba de acercarse a unos diez metros, se trata de un cohete ruso. Por la ventanilla veo que están preparando una cámara fotográfica, seguramente me quieren fotografiar. ¿Qué debo hacer? Repito: ¿qué debo hacer?**

–Pues... ¡sonríe, Pepe, sonríe!

Bombas gallegas

En el Partido Comunista Gallego:

–Ahora ya tenemos las suficientes bombas atómicas para exterminar el capitalismo imperialista. ¿No sería posible enviar diez agentes secretos a los Estados Unidos? Cada uno llevaría en una maleta una bomba atómica, con la misión de hacerla estallar en el centro de una gran ciudad. ¿Qué me dicen?

–**Por las bombas, bien; por los voluntarios, también... pero hay un problema...**

–¿Qué problema?

–**¡Las maletas!: no creo que podamos conseguir tantas.**

¡Milagros!

Éstos son los tres milagros del Cristo (Jesús) Gallego:
1. Hizo **caminar** a un **ciego**.
2. Caminó **bajo** las aguas.
3. **Curó** un jamón.

▲

Eligieron a un **Papa Gallego**. Lo primero que hizo fue redecorar la Capilla Sixtina: **empapeló todo en símil pino.**

▲

El Papa Gallego, en un principio, no quiso aceptar ser Papa. Dio sus razones:
–**No quiero mudarme a un vecindario italiano.**

▲

Resulta que hubo una Creación, a cargo de un **Dios gallego**.
Fue así:
–Señor: los pájaros tienen sed.
–**¡Que se hagan las aguas!**
–Señor: los pájaros tienen hambre.
–**¡Que se hagan los trigales!**
–Señor: los burros están muy inquietos.
–**¡Que se hagan la paja!**

17

El bidet

El bidet es un invento gallego. Quisieron hacer una ducha...
¡y les salió para el culo!

Ma sí

Dos argentinos llegan a una reunión en La Coruña.
–**Che, flaco, ¿les decimos que somos argentinos?**
–No, bolú, ¡que se jodan!

Modesto

El flaco Cacho se está fifando a una gallega. Apasionada, la Paca grita:
–**¡Ay, Dios mío!**
–No, podés decirme Cacho, nomás.

Una y una

–Paca, tengo que darte una buena y una mala noticia.
–**Primero la mala, Manolo...**
–Nuestro hijo es puto. ¿Puto te he dicho? No: es reputo. Putísimo.
–**¿Y la buena?**
–Lo acaban de elegir **Miss Primavera.**

Mal negocio

–¿Sabes, Manolo? Me gustaría tener a mi mujer aquí, otra vez.
–**¿Te abandonó, Paco?**
–No, nada de eso. La cambié por una botella de

vino.
–**Y la echas de menos, ¿verdad?**
–No. Pero ahora tengo sed otra vez.

Subasta

Una subasta. Se pujaba con entusiasmo por una antigua botella de coñac soplada a mano. Al fin, la compró un coleccionista de antigüedades por 1.400 dólares. Cuando el coleccionista recogió su botella y regresó a su sitio, Muleiro, al verla de cerca, gritó:
–**¡Dios mío! ¡Está vacía!**

Presidente

Manolo Muleiro era analfabeto. Pero como se había recibido **de arquitecto, firmaba con cuatro cruces.**

Aspiradora

Muleiro compró una aspiradora. El vendedor le preguntó:
–**¿Quiere factura?**
–No, muchas gracias; estoy a dieta.

Cazadores

–¿Vamos a cazar patos al bosque, Pepe?
–**¿Y qué me dices de los guardias, Manolo?**

—De los guardias olvídate: tienen **la carne dura y muy salada.**

Dos gallegos

—¿Tiene hora?
—**No.**
—¡Pero si estoy viéndole el reloj!
—**Ya, ya, pero como son** las cinco menos cinco: **cero.**

Una de dos

Manolo Oleiros había **cumplido 90 años.**
Sus amigos le regalaron **una putita preciosa de 20 años** para que le alegrase el día.
La putita se desnudó. Era **hermosísima.**
Don Manolo **se desnudó** y, automáticamente, se puso una mano sobre la polla y otra sobre el corazón.
—**Pero don Manolo, ¿por qué hace usted eso?**
—¿La verdad?... ¡porque no sé **qué se me va a parar primero!**

Y gané

—¡**Jodeeeer, Pepe!** ¡**Te has comprado un coche nuevo!**
—Pues sí. Gracias a las quinielas. Durante dos años, todas las noches soñé con una voz que me

decía: **6 x 8... 6 x 8... 6 x 8.** Entonces me decidí. Fui a la agencia, **jugué al 51** ¡y gané!

Brutísimo

El gallego Paco era tan bruto que cuando su mujer **dio a luz gemelos,** se enfadó muchísimo porque **sólo uno era parecido a él.**

Más que brutísimo

Al gallego Manolo se le paró el Fiat 600.
Levantó el capó.
—¡¡¡Joooder!!! Se han robado el motor. ¡Menos mal que atrás tiene uno de repuesto!

Hasta el techo

El brutísimo gallego Manolo pintaba el techo de su habitación.
—**¿Te pongo papeles de diario abajo, Manolo?**
—No, Paca, llego bien.

Faso

—Muleiro, ¡va a tener que dejar el cigarrillo!
—**¡No puedo, doctor! ¡No me pida eso! ¡Le juro que no puedo, coño!**
—¿Y cómo carajo quiere que le revise la boca, Muleiro? **¿¡Con el faso en los labios!?**

Adivinanza

Vamos a ver: ¿qué es esto?

Un gallego que le sale de garante a un negro.

¿Quién?

—De una vez para siempre ¿quién manda en esta casa...? ¡¡Vamos, contesta, Paca!

—**Manolo, créeme que te quedarás mucho más contento** si no intentas **averiguarlo.**

Joven

—**¿Sabes, Paca? Deseo una mujer joven, hermosa, rica y de la aristocracia.**

—Una mujer de esas condiciones que quisiera casarse contigo sería una perfecta imbécil, Pepe.

—**Pues no me importa: ¡que sea como quiera!**

Mala leche

El gallego Muleiro tenía tanta mala suerte que se contagió el Sida jugando **al culo sucio.**

En la zapatería gallega

—Señorita, quiero darle una sorpresa a mi mujer comprándole unos zapatos como éstos.

—**¿Sabe su número?**

—¡Hombre, claro, pero si la llama ahora por teléfono me arruina la sorpresa!

Mal aliento

—¡Tengo un pedo!

—**Se te nota, Pepe.**

—¡No me jodas, hombre! ¡Qué se me va a notar si todavía no me lo he tirado!

Mal

—Se te cae la baba, Manolo.

—**No importa. Tengo más.**

Muy bien

—**¿Sabes quién es el mejor atleta del mundo, Paco?**

—Pues no.

—**Es el que sale primero y tercero en un campeonato de hacerse la paja.**

Miauuuu

—¿Cómo se suicida un gato gallego?

—**No sé.**

—Se dispara en la cabeza 9 veces.

Enciclo

—¡La reputísima madre que lo parió, carajo! ¡Llamaron a casa y dejaron en el contestador automático una oferta para comprar una enciclopedia.

–¿**Y por eso estás tan enfadado, Manolo?**

–¡Es que el imbécil de mi contestador **compró tres!**

Tocayo

Pepe y Manolo en la puerta de la tasca del pueblo. Pasa un campesino y saluda a Manolo.

–¡**Adiós, tocayo!**

–¿Quieres creer, Pepe, que no recuerdo cómo se llama ese tío?

Cortes

El súper famoso modelo gallego pidió que le hicieran la circuncisión.

El médico se negó:

–¡**Podría causarle daños cerebrales irreparables!**

¡Manolo, Carajo!

–¿Ahora trabajas para el gobierno, Manolo? ¿Y qué haces?

–**Pues verás: mi trabajo es tan secreto que ni yo sé qué estoy haciendo.**

Cerebro 1

El gallego Manolo era tan pero tan bruto que decía:
—**El Sida no es nuevo, viene de atrás.**

▲

El gallego Manolo era tan pero tan bruto que decía:
—**Hoy en día la fidelidad sólo se ve en los equipos de sonido.**

▲

El gallego Manolo era tan pero tan bruto que decía:
—**No es que yo sea machista, el machista es Dios que hizo a las mujeres inferiores.**

▲

El gallego Manolo era tan pero tan bruto que decía:
—**Los hombres lo hacemos todo; las mujeres, el resto.**

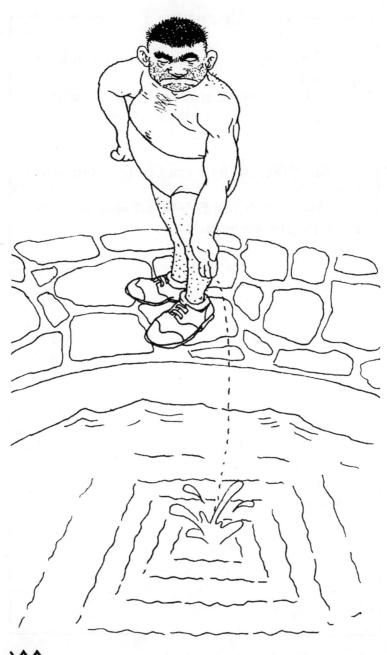

De a dos

–¿Qué te sucede, Manolo?
–**¡Cosas mías, mujer!**
–¡Pero, tienes que decírmelo! ¡Tus preocupaciones deben ser las mías! ¡Tus problemas deben ser mis problemas! ¡Para algo soy tu mujer! ¡Lo que te suceda a ti nos tiene que preocupar a los dos!
–**Está bien, Paca. Nos avisa el marido de la Jacinta que viene a partirnos la cara porque nos follamos a su mujer.**

Estadio

–Che, gallego, ¿no te da vergüenza traer a tu mujer embarazada a la cancha? ¿Por qué no la dejás en tu casa?
–**¡De eso, nada, coño! ¡Mira lo que me ha sucedido por dejarla sola un domingo!**

¡Salen!

–Manolo, ¿sabes dónde puedo conseguir dos tías que quieran salir esta noche sí o sí?
–**Pues sí: en la cárcel de mujeres.**

Convencional

–**Perdonen que me vaya temprano, pero tengo una convención.**
–¿Una convención de almaceneros, Manolo?

–**Pues no: tengo que** convencer **a mi mujer para que me deje salir esta noche.**

Boda

–¡Eres un gilipollas, un miserable, una bestia, Manolo! ¡¡¡Prometiste llevarme al altar!!!
–**Y lo voy a cumplir, Paca... ¡Seré el padrino de tu boda!**

Lo primero

El gallego Muleiro conoce a una ex monja, que acababa de renunciar a los hábitos. Después de follar, convencido de que es el primer hombre en su vida, le dice:
–**La primera vez es maravillosa, ¿no crees?**
–Sí, pero a mí me gustó más ésta...

Orejas

Hay algo en el gallego Manolo que **no me gusta**: sobre todo, **la parte que queda entre sus dos orejas.**

¿Cómo es?

–¿Sabes, Pepe, que Manolo es **Homosexual**?
–**Pero ¿qué dices, Paco? Si Manolo no tiene estudios, no tiene dinero** ¡y además es maricón!

Dijo Pepe Muleiro

—¿Sabes, Paco? El otro día sorprendí a mi esposa con un abrigo de visón... ella **jamás me había visto con un visón puesto.**

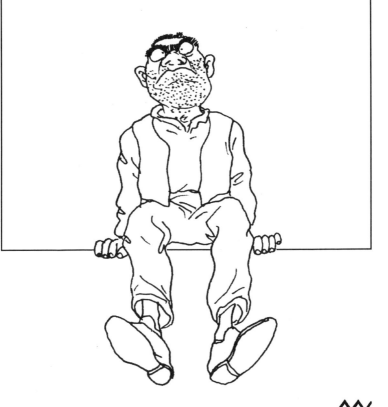

Magia

Aerolíneas gallegas.
–Su atención, por favor. Tengo entendido que entre los señores pasajeros hay un mago. ¿Podría identificarse, por favor?
–Yo, señor.
–**Pues ¡hágase desaparecer! Nos hemos quedado sin combustible y falta un paracaídas.**

Vi

–Manolo, ¿por qué le pegas a tu hijo?
–**Porque el mes pasado me dijo que yo era igual a un hipopótamo.**
–¿Y recién ahora se te ocurre desquitarte?
–**Es que hoy fui al zoológico y vi.**

Capital

–**Dicen que el gobierno intentará traer capitales del exterior, Manolo.**
–¿Te imaginas si traen París, Washington y Tokio lo que nos ahorraríamos en pasajes?

Conejito

–Cuando mi bisabuelo llegó al país viajó en galera.
–¿Era inmigrante?
–Hombre, claro. ¡No iba a ser conejo, joder!

Sirenas

–¡Qué frustración, Paco! Pensar que yo me hice marinero porque creía que las famosas sirenas eran mitad mujeres y mitad peces, **¡pero al revés!**

No

En el Hospital Gallego están operando al gallego Paco. De pronto, el cirujano sufre un infarto. **El paciente, bajo anestesia local, se da cuenta y llama enseguida al cirujano que estaba operando a unos pocos metros de distancia para que lo atienda.**
–Lo siento, señor, no puedo atenderlo: **ésa no es mi mesa.**

Limpieza

Preguntaba el gallego:
–Oye, ¿por qué un negro es como un coño?
–No sé.
–¡Hombre, pues porque ambos tienen **grandes labios,** pelo **durito,** y huelen **una hora después de lavarlos!**

¡Qué momento!

—Doctor, estoy agonizando. Le ruego que sea sincero conmigo...

—¡Cuente con ello, Manolo!

—Doctor: ¿debo o no debo pagarle?

Casar

—¡Cualquiera vuelve a confiar en ti, Manolo!

—¿Por qué?

—Dices que quieres casarte conmigo y ¡ahora resulta que es verdad!

Merca

—¿Cómo te fue en el prostíbulo, Manolo?

—¡Joder! La "madama" me dijo: "Tengo algo especial para ti, Manolo". ¿A que no sabes qué me ofreció? ¡Ay, Paco: en la pieza estaba mi ahijadita! ¡Trece años! Una muñequita. Mi preferida: ¡yo la vi nacer, Paco! ¡La acuné en mis brazos! Fue algo muy fuerte para mí, ¿sabes? ¡Ay, ella, tan pequeñita, tan indefensa, tan blanquita, tan...!

—¿Y tu qué hiciste?

—¿Y qué iba a hacer, coño? ¡Follaba y lloraba! ¡Follaba y lloraba! ¡Follaba y lloraba!

Dijo Pepe Muleiro

–No me gusta el ballet. Jamás sé cuál de los dos bandos va ganando.

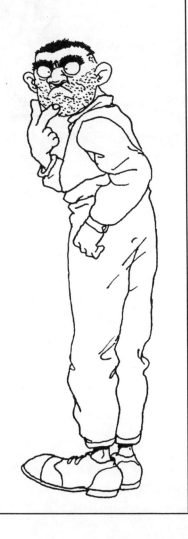

Fisgones

–¿Cómo hacen las gallegas para protegerse de los mirones?
–No sé.
–Dejan las cortinas abiertas.

¿Quiénes?

–¿Cómo se llama la edición gallega del **"Quién es quién"?**
–No sé.
–"¿Qué es **eso?**"

Al pedo

–¡Mamá, mamá! ¿Los pedos pesan?
–No, Manolito.
–¡Anda, pues entonces me he cagado!

Ayudita

–¡Dios!: ¡soy el Manolo! Dime, Dios: ¿por qué me has engañado? Te pedí un número para las quinielas y perdí.
Truenos, relámpagos. Una voz desde las alturas.
–¡Pero Manolo! Te dije que miraras las nalgas de tu mujer. Yo escribí un 7 en cada cachete de su culo. ¿Tú jugaste al 77?
–¡¡¡Cooñoooo!!! ¡Y yo que jugué al 707!

Comidita

El gallego puso un negocio con el que pensó que iba a hacerse rico. Era una rotisería y en el frente del local colocó este cartel:

"Comida, se alquila".

Dieta gallega

Los gallegos inventaron una **dieta en la que se puede comer de todo. Es para gordos que quieren seguir siendo gordos.**

Guía

La gallega Paca decía:
–Lo que más detesto de estacionar es el ruido del choque **con el auto de atrás.**

Compromiso

Decía el gallego García:
–¿Sabes, José? He pensado que una esposa sólo dura durante el matrimonio. Pero una ex esposa **dura toda la vida.**

Careta

–Esa niñita gallega tiene una cara tan pero tan fea, que sólo su madre podría amarla.
–No necesariamente: **yo soy su madre.**

Viejitos

–¿Por qué los gallegos meten a los viejos en el armario?
–**No sé.**
–Para guardar las tradiciones.

Cocodrilos

–**¿Por qué los gallegos no usan zapatos de cocodrilo?**
–Ni idea.
–**Porque son ecologistas y no quieren dejar a los cocodrilos sin zapatos.**

Mucho humo

–¿Por qué en los kioscos gallegos venden paquetes de cigarrillos vacíos?
–**No sé.**
–Para los que han dejado de fumar.

Olorcete

–¿Cuándo necesita una ducha un ama de casa gallega?

–No sé.

–Cuando muere el canario.

▲

–¿Cuándo se puede decir que unos padres gallegos aman realmente a su bebé?

–No sé.

–Cuando todos los meses le compran un pañal nuevo.

▲

–¿Por qué los gallegos guardan el papel higiénico usado?

–Ni idea.

–Porque lo utilizan como papel cazamoscas.

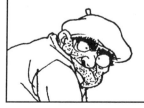

Monedero

–¿Por qué los gallegos doblan todas las monedas?
–**No sé.**
–Porque las cuentan como si fueran billetes.

Joda

–¡Ya tengo piojos otra vez, María!
–**¡Pues ponte alcohol, Pepe!**
–No, no, que cuando están borrachos arman más follón.

En el consultorio

–**Mire, Paco, según la radiografía, tiene usted una manchita en los pulmones que no me gusta nada.**
–¡Y usted tiene una manchota en el guardapolvo y yo no lo he criticado!

Al tacho

–**¿Cómo te enterás de que tu nuevo vecino es gallego?**
–Ni idea.
–**Le pone alarma a los tachos de basura.**

Modelos

–¿Cómo se reconoce a una modelo gallega en una fiesta?
–**Ni idea.**
–Es la que usa strapless y hombreras.

Solazo

Los gallegos hacen las ventanas **redondas** para que **entre el sol.**

Chiqui

–¿Por qué tienes el labio lastimado, Paco?
–**Es que me lo he mordido, Pepa.**
–¿Cómo vas a mordértelo si eres tan bajito?
–**Es que me he puesto en puntitas de pie.**

A barajas

–Señores pasajeros, en cinco minutos aterrizaremos en Barajas.
–**¡Joder! ¡En barajas! ¡Antes aterrizábamos en una pista grande!**

Fax

–Oye, Paco, me han dicho que tú sacas dólares del país. ¿Cómo haces?
–**Pues por fax y luego rompo las evidencias.**

Dijo Muleiro

—Vamos a ver: ¿qué pasaría si, de pronto, nos volviéramos **todos personas normales?**

▲

—Yo sólo creo en lo que veo con mis propios ojos... **y en lo que me cuentan.**

▲

—La sabiduría nos persigue, pero nosotros los gallegos somos **mucho más rápidos.**

▲

—Una de las cosas que más nos diferencia de las bestias es que ellas **no saben organizar una guerra.**

▲

—Preguntó Muleiro: los chinos cuando se casan, **¿se van de viaje de Buda?**

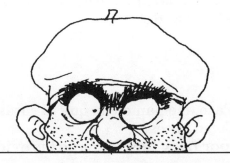

Piraterías

–¿Por qué los piratas gallegos llevan una alpargata en la pata de palo?
–**No sé.**
–Para que nadie les robe **el botín.**

Siglo gallego

–Manolo, estoy planeando el robo del siglo.
–**¿Cuándo piensas dar el golpe?**
–Pues, ¿cuándo va a ser, Paco? **¡Dentro de cien años!**

Más fácil

–¿Sabes por qué los gallegos ponen las papas en la ventana?
–**No, ¿por qué?**
–Para aprovechar que hace un frío **que pela.**

Cine

–El gallego Muleiro es tan bruto que fue a lavar el coche en el lavadero automático, salió y regresó a los cinco minutos.
–**¿Por qué?**
–Dijo que los efectos especiales le habían encantado pero que **no había podido entender el final.**

Horroróscopo

—Doctor, perdone usted, pero yo soy terriblemente distraído. Hace un rato, al finalizar la consulta, después de examinarme y de revisar las pruebas de laboratorio, usted pronunció una palabra. No sé si fue Acuario... o Capricornio. ¿Tauro? ¿Géminis?

—No, Pepe. Lo que yo dije fue ¡cáncer! ¡Cáncer, Pepe!

¡Qué perros!

Los gallegos Pepe y Manolo fueron de caza.

Llegaron hasta un coto donde el dueño los proveyó de casi todo lo necesario.

—Les voy a dar tres de mis mejores perros.

Los gallegos se fueron contentísimos con sus escopetas, sus aparejos y los tres perros.

A la media hora estaban de regreso.

—Venimos a por más perros.

—¡Pero coño! Si os he dado mis tres mejores perros.

—¡Hombre! Puede ser, pero a esos tres ya los cazamos.

Pintor

—Al pintor Moriños lo conocían como el **Van Gogh gallego.**

—¿Por?

—Se cortó la polla.

47

Pica Pica

–¿Sabes por qué a los gallegos no les pican los mosquitos en la frente?
–**No sé.**
–Porque no les llega **la sangre a la cabeza.**

Sexo Negro

El gallego Manolo había estado dos años en el África.
Regresó a su casa.
–**Paca, quiero enseñarte a follar como los negros.** ¡Verás qué bueno será de esta manera nueva!
El gallego Manolo apagó todas las luces. La puso a la Paca en la cama con las piernas abiertas. Subió al ropero y se arrojó desde allí.
Le erró y se rompió los huevos contra la mesita de luz. Doloridísimo, el gallego sólo pudo exclamar:
–**¡Ahhhhhh! ¡Aghhhhhhh! ¡Agggggghhhhh!**
Y la Paca gritó:
–¿Por qué mejor no hacemos como antes, Manolo? ¡De esta manera gozas tú solo!

Chupadrilo

–¿Ves, Paco? Amaestré a este cocodrilo. Le doy diez latigazos y el animal me chupa la polla.
–**¡Anda ya, Manolo!**
–¿No me crees? Pues mira...
Manolo sacó el látigo. Propinó los diez azotes

al cocodrilo y, efectivamente, el animal comenzó a chuparle la polla.

—¿Has visto? ¿Quieres probar tú?

—Pues me gustaría, pero...

—¡Pero qué, hombre, joder!

—¡Es que no sé si podré resistir los diez latigazos!

Diga 33

—Mi mujer, la Paca Muleiro, es tan pero tan gorda, que el médico, cuando la revisa, le pide: "A ver... Abra la boca y diga muuuuu".

Los misterios

Viaje en tren. El gallego Muleiro se sienta junto a un hombre de larga barba blanca.

—Buenas tardes. Me llamo Muleiro. Tengo un bar en La Coruña y voy a Madrid.

—Yo me llamo Arnold, vivo en París, soy filósofo y me encargo de pensar cosas como ¿quién creó el Universo? ¿Hacia dónde va el hombre? ¿De dónde venimos?

—¡Jooooder! ¿Y si yo le digo que esa adivinanza me la sabía? ¡Pues la tengo en la punta de la lengua!

Más sopa

El gallego Muleiro en el restaurante.
–Oiga, camarero: ¡hay una mosca en mi sopa!
–¿Quiere usted que se la saque?
–Pues no: mejor póngale un cubierto.

¿Dónde?

–Mira, Pepe, voy a darte un consejo: cada vez que vayas a un restaurante, elige una mesa cerca del mozo.

¡Arriba las manos!

–¿Cómo se descubre que ha sido un gallego quien ha atracado el banco?
–Ni idea.
–Porque es el único que roba a crédito.

Te veo

–¿Por qué los gallegos no tienen televisiones a colores?
–No sé.
–Porque no saben de qué color comprarlas.

¡A los tanques!

—Los gallegos quieren comprar 10.000 tanques atmosféricos.

—¿**Para?**

—Dicen que apenas los tengan **van a invadir Bosnia.**

▲

—**Pero ¿por qué le quitas la alarma a tu coche nuevo, Pepe?**

—Porque si me lo roban, como al otro, **no quiero que se vuelva a enterar todo el pueblo.**

▲

—¿Cómo se sabe que el asaltante de la esquina es un gallego?

—**Ni idea.**

—Porque es el único que espera que la navaja **"automática"** haga sola el atraco.

Cambios

El gallego Manolo viajaba por primera vez en auto.
Aterrado, miraba cómo Pepe conducía con una
mano y metía los cambios con la otra.

–¡Por Dios, Pepe! Tú mantén las manos en
el volante y olvídate de ese palo; yo puedo re-
mover la gasolina mientras tú conduces.

Nacionalidad

–¿Cómo os atrevéis vosotros los sudacas a
decir que Dios es argentino?

–¿Sabés qué pasa? Hay un montón de argentinos que exageran, ¿mentendés? Todo el mundo sabe
que Cristo nació en Belén. Pero eso sí: tiene ofici-
nas en **Alto Palermo.**

Igual motivo

–Me casé porque estaba harto de tener que llevar mi ropa a la lavandería, comer en restaurantes
y llevar los calcetines rotos, ¿sabes, Paco?

–¡Qué extraño! ¡Yo me divorcié por el mismo motivo, Manolo!

Negrazón

—¿Por qué los gallegos atan con morcillas a sus hijos?

—Ni idea.

—Para que sepan lo que son los **"lazos de sangre"**.

Precio

—¿Por qué los gallegos no le quitan el precio a la ropa?

—No sé.

—Porque les gusta vestir de etiqueta.

Chiste idiota

—Oye, Pepe... ¿tú sabes por qué los enanos van siempre tan contentos por el bosque?

—No sé, Manolo.

—Porque les hace cosquillitas la hierba en los cojones.

Bocudos

—¿Por qué los perros gallegos llevan los huesos en la boca?

—Ni idea.

—Porque no tienen bolsita.

Pajonales

En la oscuridad.
–¿Qué haces, Pepe?
–Pues me masturbo, Paco.
–Pero joder: ¡lo que tienes en la
mano es mi polla, Pepe!
**–¡Coño! ¡Ya veo yo ahora por
qué no podía acabar!**

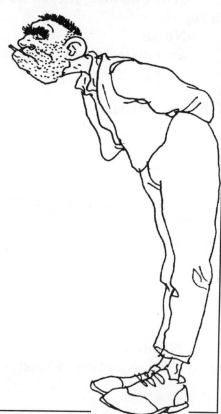

Vistazo

El gallego Paco en el hospital.

–**Buenas: necesito que me hagan un examen de la vista.**

–No le quepa la menor duda: éste es el Departamento de **Planificación Familiar.**

Safari

El gallego Manolo llevó a su esposa por primera vez a un safari.

Al regreso mostraron a un amigo la mejor pieza que habían logrado: **un león enorme.**

–**¿Lo derribó con el rifle Magnum 303 que le compraste, Manolo?**

–Pues no. Fue con el jeep 1982 que alquilamos.

Tatuaje

–El tatuaje que te hiciste hace un año y que llevas en el pecho, ¿se borra cuando te duchas, Manolo?

–**Pues no lo sé, Pepe.**

Olorcito

–¿No te parece que este lugar huele a muerto, Manolo? ¿Manolo...? **Manolooo... ¡Manolooo...!**

Niños

Le piden al gallego Muleiro:

–**Perdón, señor, ¿podría abrirme esta verja?**

–Claro que sí, niño; no es difícil. Ya lo podrías hacer tú mismo a tu edad.

–**Seguro, señor. Pero prefiero esperar a mañana cuando seque la pintura.**

Día frío

–¿Con este día helado, saca usted al niño a la calle tan desabrigado, Manolo?

–**¿Y se piensa usted que una criatura de ocho meses entiende eso de la temperatura? ¡No me joda, coño!**

Bigote

Manolito Muleiro a su madre:

–**Hoy me he dejado el bigote.**

–¿Y no recuerdas dónde?

Soy yo

–¿Sabes, Paco? En mi juventud no había problemas de identidad; nos decían **quiénes éramos** y eso era todo.

¡Notición!

Le alcanzan un cable al locutor del noticiero gallego:
–Aquí llega una información de último momento: **"¡Tienes un trozo de acelga en los dientes, Manolo!"**

Fuera

–Doctor, tengo una indigestión de champiñones.
–¡Pero si no es época de champiñones, Muleiro!
–Ah, vale, entonces vendré otro día.

¿Eh?

Paco Oleiros pesaba 120 kilos. Se presentó en el teatro Colón.
–He leído en el periódico que solicitan un "bajo". ¿No necesitaría, también, un "gordo"?

Cortes II

Paco, el peluquero gallego, era muy malo. Afeitaba para el carajo. Y se quejaba:
–El negocio marcha muy mal, y estoy pensando en abrir una carnicería.
–¿Y va usted a cerrar ésta?

¿Abro?

El juez visitaba la cárcel. Se acercó a la celda del gallego Paco:
–¿Por qué está usted encerrado aquí, Paco?
–Porque no tengo la llave, señor juez. ¿Por qué va a ser?

Dinero

Muleiro cobra un cheque en el Banco.
Cuenta el dinero varias veces. Una vez más.
–**¿No está bien?**
–Sí, pero... ¡tan justo!

En un quilombo gallego

–¡Don Rodrigo! ¡Está usted muy cambiado!
–**Es que no soy don Rodrigo.**
–¿Lo ve? ¡Más a mi favor!

Linda

–Pepe, sé que cuentas por ahí que te has casado conmigo por mi dinero. Eso no es cierto: yo no tenía ni un céntimo cuando me casé contigo. ¿Por qué lo haces?
–**Pero ¿tú te has mirado al espejo, Paca? ¿Qué otra razón quieres que dé?**

¡De bueno!

Pepe Muleiro se ofreció como cantante.
Hizo una demostración para el dueño del club:
–**Bueno, Pepe: si además de cantar, friega los platos, el trabajo es suyo.**

Casi

–¿Desearía usted, Paca, que nos uniéramos para toda la vida... **excepto los martes y jueves que salgo con mis amigotes?**

Gramaje

–Te sienta muy bien tu vestido nuevo. Te adelgaza por lo menos **tres gramos, Pepa.**

Modestia

–Perdone usted mi ignorancia, Manolo, pero...
–**No, tranquilo: si a usted no le molesta, a mí tampoco.**

Millones

El astrónomo gallego a su compañero:
–Según mis cálculos, el nuevo cometa pasará por la Tierra dentro de **2.000.000.000 de años,** Paco.
–**¿Estás seguro, Manolo? ¡No vayamos a hacer el ridículo! ¡No vayamos a hacer el ridículo!**

Casarse

–¡Sí, Maruxa, puesto que estamos **tan enamorados**, deberíamos buscar **con quién casarnos**!

¿Dónde? II

–¿**Qué buscas, Manolo?**
–Mis gafas.
–¡**Pero si las llevas puestas!**
–¡Ah, coño! ¡Pues ya me iba **sin ellas**!

No a él

Manolito Muleiro a su maestra:
–¡**No es culpa suya que no pueda meter nada en mi dura cabeza!**
¡**Tranquila, seño!**

¿Qué hacer?

El gallego Manolito no hacía más que masturbarse.

Su madre decidió llevarlo al médico.

–¿Por qué lo haces?

–Es que me aburro, doctor. No hay nada en qué entretenerse, y la tele es tan aburrida...

–Está bien. Espera en la sala mientras hablo con tu madre un momento.

Unos minutos más tarde salen en busca de Manolito y encuentran el suelo de la sala de espera lleno de papelitos. El médico, desorbitado.

–Pero ¿¿¿qué has hecho???

–Pues me he comido los bombones y ahora estoy con los caramelos.

–Pero ¡si había un kilo! ¿Te los has comido todos?

–Pues sí, doctor. ¡¡¡Estaba tan aburrido!!!

–¡Pues haberte hecho una paja, imbécil!

En serio

Pepe y Paco van en un tándem. Pepe, que va adelante, le propone a Paco, que va en el asiento de atrás:

–**¡Hala! ¡Apostemos una cena a ver quién llega primero! ¿Vale, Paco?**

Postales

–Mira, Paca, esta postal es ideal para enviár- sela a alguien que esté en el hospital. ¡Coño! ¡Qué pena que no conozcamos a nadie que esté **muy muy muy enfermo**!

Pobrecito

–Pepe es vicioso. ¡Pobres sus hijos!
–**¡Pepe no tiene hijos, Manolo!**
–¡Mejor para ellos!

Maestro

–**Los niños siempre son muy inteligentes, sabes, Manolito.**
–Y entonces ¿por qué los adultos son tan ton- tos?
–**Será el resultado de la educación.**

Pito

–¿Diste examen en el Colegio de Árbitros, Manolo?
–**Sí, pero me fue mal: no sabía un pito.**

Feísimo

–El gallego Oleiros **es tan feo** que le dicen: **Stradivarius.**
–**¿Por?**
–Sólo hay dos o tres como él en todo el mundo.

Pelotazos

Pepe Muleiro jugaba de arquero.
–¿Cómo hizo para salvar esas **dos pelotas,** Pepe?
–**¡Me di vuelta, coño!**

Comer

–Yo cuando tengo hambre cazo algunas ratas **¡y me las como enteras!**
–**¡Eso es repugnante, Manolo!**
–Pero ¿por qué, coño? **¡Antes las baño!**

Sin memoria

–Te lo juro por la memoria de mi madre, Paco.
–¡Si tu madre está viva, Manolo!
–Pero no se olvida de nada, Paco. De nada.

Izar

–¿Cómo le fue a tu hijo en el colegio, Pepe?
–Mira cómo será de bruto mi hijo que tiene que rendir hasta "izamiento de la bandera".

Abono

El gallego Manolo detuvo un colectivo en la ruta. El chofer no lo dejó subir.
–Disculpe, pero esto es un autobús privado. Sin abono no puede subir.
–¡Joder, hombre! Por hoy déjame subir y mañana te traigo una bolsita de bosta, ¿vale?

Mentiroso

–Mi perro es perfecto, ¿sabes, Paco?
–¿Por qué lo dices, Manolo?
–Todas las mañanas me despierta, me trae la toalla a la cama y me prepara el agua para el baño. Después sale a comprar pan, leche y el diario. Me lee los titulares y el horóscopo. Me prepara el desayuno, me plancha la ropa y me limpia la casa, atiende el teléfono...
–Ya me parecía a mí que ibas a terminar

con alguna mentira. ¡Si hace como tres días que no te funciona el teléfono, Manolo!

Momentos

—¡Ay, feligreses consumidos por la miseria! ¡Estáis cada vez más **enviciados con los números del mal!** ¡Si por la noche soñáis el **78, el 97, el 29 o el 58,** por la mañana corréis a jugar todo lo ganado en el trabajo fecundo!

—**Padre, ¿me podría repetir los números un poquito más despacio, por favor?**

Crimen

En la escena del crimen. Detective: el gallego Muleiro.

—**No hay dudas. Se trata de un hombre obeso, canoso, de unos 50 años y con un lunar en la nariz.**

—¡Magnífico, Muleiro! ¿Cómo se dio cuenta de que el asesino es así?

—**¿El asesino? ¡Yo estoy describiendo al muerto, coño!**

Rotito

¡El gallego Manolo era tan bruto!

Llevaba a su hijito de paseo por el parque cuando ven a un artista pintando el paisaje.

—**¿Has visto, Manolito? Eso le pasa a ese hombre por olvidarse de traer la máquina de fotos.**

Si visita Galicia vaya al
Pontevedra Hilton:
**¡disfrutará de un
magnífico restaurante
giratorio en el sótano!**

M-a-m-á

Pepe Muleiro iba a la escuela nocturna.

–Hoy me enseñaron a deletrear la palabra mamá, ¿sabes, Manolo?

–No caigas en la trampa, Pepe: mañana te enseñarán **otra más difícil.**

Escolar

–¡Mi hijo, que va a séptimo grado, me ha creado un problema enorme! Se enamoró de la maestra, ¿sabes, Paca?

–Pero eso es común en todos los chicos. No te preocupes, Maruxa.

–¿Que no me preocupe? ¿Que no me preocupe? ¡Ja! Se casan el 17 y ¡yo no tengo qué ponerme, coño!

Monos

Se sabe que **King Kong** y la **Mona Chita** encabezan una corriente de pensamiento contemporáneo que niega la teoría de Darwin: **no quieren hacerse responsables de los gallegos.**

Luz y sonido

Filosofaban los gallegos:

–Para mí lo más rápido es el pensamiento.

–Para mí, la luz.

–Para mí, la diarrea.

–¿¿¿La diarrea??? ¿Y por qué, Manolo?

–**Porque anoche me cagué y no me dio tiempo a pensar ni a encender la luz.**

Exámenes

Muleiro en la escuela nocturna.
–Rendí una materia en marzo.
–**¿Qué diste?**
–Asco.

Rollo

–¡El año pasado, el consumo de papel higiénico fue de cien rollos por cabeza!

–**¿Por cabeza? ¡Joder! ¡Y yo que creía que sólo servía para limpiarse el culo!**

Humos

–**Decime, Facundo: si reunís a 25 soldados, ¿qué formás?**

–Un pelotón, señorita.

–**Muy bien. Sentate. A ver Juanma: si tenés 11 jugadores de fútbol, ¿qué formás?**

–Un equipo.

–**¡Bien! A ver Manolito: si juntamos 20 jockeys, ¿qué tenemos?**

–¡Pues un **atado** de cigarrillos!

Tiernito

—Dígame, señor, ¿ustedes se encargan de la contratación de artistas?

—Así es. ¿Qué necesita?

—Yo necesito unos mimos.

—¿Y por qué no vas a pedírselos a tu puta madre, degenerado?

Casi II

—¿Te has comprado un abrigo de piel?

—Símil.

—¿Y para qué tantos?

¡Hola!

Un gallego, de paseo por Europa, se había colado en una festichola del ambiente empresario internacional. Comenzaron las presentaciones.

—Franz Kodak.

—Ernest Remington.

—Giuseppe Cinzano.

—Alfred Dunlop.

Cuando le tocó el turno al gallego, sacando pecho, dijo:

—Mucho gusto: Manolo Soda "La Casera".

¡Pummmm!

—Soldado: ¡ordene que tengan listo el mortero!
—**¿Vamos a disparar, mi teniente?**
—A menos que usted se atreva a preparar el pesto...

Trashhhh

—Mire, Paco. Yo soy muy exigente con mis jardineros. Quiero que mi césped quede perfecto. Así que primero le pasa el rastrillo, después lo corta y lo vuelve a rastrillar, después le pone abono, tierra negra, lo riega...
—**Disculpe usted, señora, pero ¿no querría que le pusiera también un poco de desenredante?**

¡Oleee!

El pasajero llama desde su habitación del hotel a la conserjería:
—**¡Hola! ¿Conserjería? Pero ¿qué clase de mierda es este hotel? Aquí en la habitación hay dos ratas peleando.**
—¿Y qué quiere por el precio que paga, coño? ¿Una corrida de toros?

Ma-mi-ta

El brutísimo gallego Manolo:

—Menos mal que han puesto más días de clases en la nocturna. Porque al paso que íbamos ya veía yo que me quedaba sin saber si mi mamá me ama.

Cierre

—¿Tienes la tele prendida, Pepe?
—¡Claro, coño! ¡No la voy a tener desabrochada!

Niveles

—Debe saber usted que yo tengo nivel terciario.
—¿Terciario? ¿A qué universidad ha ido, Muleiro?
—Estuve siete años en **tercer** grado.

Todo te lo da

—Paco es leproso, pero tiene un corazón de oro.
—¿Es generoso?
—¡Uffff! ¿Tú le pides una oreja? **Él te la da.** ¿Tú le pides un dedo? **Él te lo da...**

Dijo Muleiro

–Lo cortés no quita lo valiente. **Lo descortés, tampoco.**

▲

–Lo que menos me interesa **de una mujer pobre, es su dinero.**

▲

–Después de años de meditación, **ahora tengo la seguridad absoluta de que ya puedo dudar de todo.**

▲

–A los gallegos **nos pierde nuestro carácter. Además.**

▲

–Hay dos cosas que no entiendo. **La otra no la digo.**

▲

–**Francia cuenta con dos apellidos que han hecho la gloria del fútbol:**
Juana de Arco y Charles de Gol.

¡Miauuu!

Pepe, el abuelo gatea, ¿sabes?
—Déjalo, mujer, ¡no irá muy lejos!
—No, Pepe. Gatea: ¡¡se está comiendo los gatos!!

Gustirrinín

A Manolo lo operaron del huesito dulce.
—¿Y cómo quedó?
—¡Muy amargado!

¡¡¡Bestiún!!!

—Muleiro, en su familia, ¿alguien tiene celulitis?
—Todos menos yo, que uso el D.N.I.

Sueño

—A la hora de comer ¡siento un sueño, Pepe!
—¡Es que no deberías comer más colchón de arvejas, Paco!

Manzanitas

Verá, usted, doctorcito: le traigo al Manolín porque le encantan las manzanas.
—¡Pero es normal que coma manzanas!
—¿Las del empapelado de la cocina?

Masajes

—¿Cómo es que a ti no te duele cuando te masajean, Pepe? Todos gritan durante el masaje.

—**Es que son tan idiotas que a mí me masajean** la pierna sana.

Traje

—Oye, Pepe: cuando te bañes, guárdame el agua. La Paca **tiene que teñirme un traje,** ¿vale?

Yeso

—¡Qué calor tengo, coño, con este yeso desde el hombro hasta las manos, Manolo!

—¡Hombre, Paco! ¡Haberte hecho enyesar **manga corta**, joder!

Psico

—Señora, es necesario que analicemos **su inconsciente**.

—Estoy de acuerdo, doctor, pero ¿cómo convenzo al gilipollas de mi marido para que venga conmigo a verlo?

Odios

—¿Tan mal se llevan el Manolo y la Pepa?

—¡Pues, se odian a muerte! ¡Cómo será que cuando se van a acostar **se palpan de armas**!

¡¡¡Ziffftttt!!!

Lanzacuchillos. Con monumental precisión, lanza sus afilados aceros **"la saeta de Vigo"**.

¡Zimmmm! Y lo clava a tres milímetros de la mejilla de la Paca, la más fea del pueblo.

¡Zfiiitttt! ¡Y lo clava a dos milímetros de la entrepierna de la Paca.

El gallego Manolo no aguanta más:

—¡¡¡Oye, lanzador!!! ¡Concéntrate, joder, y a ver si le aciertas al menos uno!

Gallego oeste

–Saca tu pistola, Pepe.

–**¿Nos batiremos a duelo, Manolo?**

–Hombre, ¡claro! No pensarás que he de hacerte un análisis de orín, ¿verdad?

Boquita

–Oye, Pepe, hay que quitarle al niño la costumbre de llevarse todo a la boca.

–**¿Qué hizo ahora, Paca?**

–Se comió la única morcilla que nos quedaba.

¡Hora!

Muleiro entra en una disco por primera vez y una mujer le pregunta:

–**¿Tiene hora, señor?**

–¡Joder! No me diga que hay que sacar turno.

Por reformas

–**¿Sabes, Paco? He resuelto hacer reformas en el bar. Voy a invertir unas pesetas en cambiarle el aspecto. ¿Qué te parece, Paco?**

–¡Muy bien, don Manolo!

–**Pues entonces, aquí tienes 2.000 pesetas. ¡No quiero verte más por aquí!**

Enanito

Se armó un gran lío en un bodegón cercano al Mercado de Abasto. Entre las trompadas y sillas que volaban, un jorobado trataba de alejarse agachadito. Cuando estaba llegando a la puerta, el gallego Muleiro lo levantó medio metro del suelo de una patada mientras le gritaba:

–**¡Pelea limpio, coño! ¡Deja ya de ir alzando piedras, joder!**

Frío

–¿Qué se sirven?

–**Empanadas, Muleiro.**

Uno de los clientes agarra su empanada y empieza a soplarla.

–¡No las sople, si no están calientes, coño!

–**No las enfrío: ¡les estoy sacando la tierra, Pepe!**

Música

Muleiro manejaba un taxi. Música. Una jota a todo volumen.

–**Oiga, jefe, ¿no podría cambiar de estación?**

–¡No puedo! ¡Es un **sachet**!

Dormir

El Pepe Muleiro va a cantarle a su hijo antes de acostarse para que se duerma.

—¿**Lo crees necesario, papá? ¡Estoy tan cansado!**

Feísimo

El Manolo Fundeiro era un gallego tan feo, tan feo, tan feo que lo echaban de todos los cines **para que no asustara a Frankenstein.**

¡Gordo!

—¿Por qué lloras, Manolín?

—**Porque aquel tío gordo no se ha caído al subir al autobús.**

León y negro

En el Coliseo gallego. **Negro** sentenciado a muerte. Lo entierran. Le dejan sólo la cabeza afuera.

Largan un león hambriento. **El negro**, como puede, lo esquiva.

El león enorme lo ataca nuevamente.

El león se enfurece. **El negro** indefenso lo deja pasar con un leve esquive.

El león ataca nuevamente.

El negro abre la boca grande, le pega un mordisco y le arranca los huevos al león.

El público grita:
—¡¡¡Pelea limpio, negro hijo de puta!!!

¡Ajjjj!

—Mi marido el Manolo está en cama con síntomas de asfixia.
—**¿Qué ha dicho el médico, Paca?**
—Pues que no vuelva a hacerle yo el nudo de la corbata.

¡Comer!

—¿A qué hora prefiere comer tu marido, Pepa?
—**Pues siempre una hora antes de estar lista la comida.**

Sub

El Manolo, enfadadísimo:
—**¡Y ya lo sabes de una vez para siempre, Paca! ¡El segundo que manda en esta casa soy yo!**

Boda

—¡Por última vez le digo a usted que no, Manolo!
—**Bueno, entonces, ¿nos casamos?**
—Pero ¿no ha oído lo que le he dicho?
—**Sí: me ha dicho que era la última vez que me decía usted que "no". ¿Nos casamos?**

Usted

—Explíquese, Pepe... ¿Qué es lo que viene a pedirme? ¿La mano de mi hija o un préstamo?
—**Pues lo dejo a su voluntad, señor.**

Soltera

—Pienso morir soltera, Paca.
—**¿Eres enemiga del matrimonio, Pepa?**
—Yo no: los hombres.

Bucanero

—Pepe Muleiro, usted fue capitán de barco durante 35 años...
—**Efectivamente.**
—Y hoy se retira. En esos 35 años tuvo usted una esposa en Nueva York, otra en Buenos Aires y una tercera en Honolulú. ¿Las veía a menudo?
—**Cada vez que llegaba a puerto convivía con alguna de ellas.**
—¡Apasionante! Y dígame Muleiro: ¿dónde la pasó mejor?
—**La verdad. Pues, ¡en el barco!**

Decía Muleiro

**–Yo amo a todas las rubias...
tengan el color de cabello
que tengan.**

Pinchar

Para los que practican acupuntura no hay nada mejor que la **aguja.**

La Asociación Gallega de Acupuntura piensa que la **bola de lomo** y el **vacío** son mejores que la **aguja.**

En el exterior

Un argentino solitario **es un turista.**
Dos argentinos, **contrabandistas.**
Tres argentinos, **estafadores.**
Cuatro argentinos, **invasores.**
Muchísimos argentinos, **comitiva presidencial.**

¡Cuidado!

Al entrar en una tienda, Pepe ve un letrero que dice:

"Cuidado con el perro".

Entra con precaución y se encuentra un perrito chiquito, chiquito, chiquito.

—**¿Y es éste el perro del que hay que cuidarse?**

—¡Pues así es, coño! Antes de poner el letrero, ¡todo el mundo me lo pisaba!

Oral

Pepe Muleiro robó en una escuela
y lo pescaron. Le hicieron juicio
oral y escrito.

¡Cuánto escombro!

—¿Sabe el ingeniero que el edificio se ha derrumbado, Paco?
—No, señor capataz. Pero apenas lo saquemos de debajo de los escombros se lo diremos.

Giro

El gallego Muleiro tomó por primera vez en su vida un taxi.
Como no le funcionaba la luz de giro, el tachero a cada rato sacaba el brazo para doblar.
—¡Quédese usted tranquilo, coño! ¡Maneje

con las dos manos, joder! ¡Apenas empiece a
llover, yo le aviso!

Fugas y escapes

—¿Cómo es posible, Manolo, que esos camiones
que llevan a los presos **tengan caño de escape?**

¡Las bolas!

—Dígame don Paco, ¿cómo es hacer el amor a
los 87 años?
—**Pues... es como jugar al billar con una
soga.**

Astros

—¡Estoy harto de la influencia de los astros!
—**No me digas que crees en esas gilipo-
lleces, Manolo.**
—¡Hombre, claro! ¡Si mi mujer se ha ido con un
actor!

¡Siempre!

—Mi marido, Manolo, jamás se olvida de nues-
tro aniversario, ¡jamás! Manolo es muy conside-
rado.
—**¿Te hace un regalo, Paca?**
—Pues no: pero hace **un minuto de silencio.**
¡Siempre!

Mente

—Mira, Paca. Yo soy un hombre abierto y moderno, ¡coño! A mí me parece muy bien que tengas opiniones propias. Lo que no quiero **es que las andes diciendo**. Ni a mí ni a nadie. **¿Se entiende, joder?**

Muñequita

La nenita gallega le corta algo entre las piernas a su muñequito.
—**¿Juegas a la modista, Pepita?**
—No, a la mamá.

Test-arudo

El gallego Manolo se había golpeado la cabeza. El psicólogo le tomó un test para ver cómo había quedado.
—Esposa.
—**Paca.**
—Bien. Madre.
—**María.**
—Padre.
—**Paco.**
—Hermano.
—**Pepe.**
—Bien. Hija
—**Perchero.**

Dijo Muleiro

–La Paca, mi mujer, tiene tan poco encanto que su ginecólogo la llama **"señor"**.

▲

–¿Sabéis? Es muy relajado salir con mi ex esposa: **ella ya sabe que soy un idiota.**

▲

–No sé. No sé. Pero por muy bajo que hable **siempre me oigo.**

▲

–He pensado que estar preso tiene que producir un desánimo tal que no deben quedar ganas **ni de salir a la calle.**

▲

–Yo nunca tropiezo dos veces en el mismo sitio. **Tropiezo siempre en todos los sitios.**

Supo

—¿Sabes cuál es el colmo de un supositorio, Pepe?
—**Ni idea.**
—¡Derretirse cuando ve un buen culo!

Pish

—¿Mal día, don Manolo?
—**¿Por?**
—¡Se está meando el zapato!
—**Entonces buen día. Ayer me meaba los huevos.**

Razón

—¡Vete al carajo, coño! Contigo no se puede. **¡No hay nada peor que discutir con un tío que sabe perfectamente de qué está hablando!**

Sauna

—¿Cómo se le dice a un grupo de gallegas en un sauna?
—**Ni idea.**
—"Gorilas en la niebla".

Hoy o mañana

–Hola, Manolo, ¿qué haces en el aeropuerto?
–Espero el vuelo de Miami.
–Pero ese vuelo llega el domingo.
–Ya lo sé, hombre, ¿te crees que soy gilipollas? Lo que sucede es que yo el domingo no puedo venir.

Es la ora

–Manolo, es nuestra noche de bodas y debo confesarte algo: soy virgen.
Manolo se arrodilló allí mismo y empezó a rezar.

¿Cómo se pone?

–Aquí tienes, Pepe. Tú no tienes ropa interior porque jamás has usado. Así que te presto ropa mía. Aquí tienes un par de calzoncillos...
–Oye, oye, Manolo, ¿y esto cómo se usa?
–Lo sucio va detrás.

En la cama

–Maruxa... acabo de acostarme y cuento seis pies en nuestra cama.
–Hay cuatro, Pepe.
–Hay seis, Maruxa.
–¡Joder, hombre! Bájate de la cama y verás.

Pepe se bajó. Contó.

–Pues tienes razón: ¡hay cuatro!

Fasos

–En Galicia dejaron de pasar por la tele el anuncio del vaquero de Marlboro.

–¿Por qué?

–Los gallegos, después de verlo, salían a comprar caballos.

Soplagaitas

Un argentino le chocó el auto al gallego Muleiro.

–¡No te preocupés, gallego! Ese bollo en la carrocería se va facilísimo. Mirá: soplás por el caño de escape y el bollo de la chapa desaparece. ¿Captaste, gallego?

Media hora después pasa por allí Manolo.

–¿Qué haces, Muleiro?

–Aquí me ves. Soplando para que se infle y desaparezca el bollo, como me dijo el argentino que me chocó.

–¡Si serás gilipollas, Muleiro! ¿Tú crees que así se va a inflar el coche y se va a ir el bollo? Pero, no jodas, ¡hombre! Sube las ventanillas, ¿no ves que se te está saliendo el aire?

Polvo

El Paco y el Manolo estaban bebiendo desde hacía varias horas.

—Oye, Paco, ¿vamos a echarnos un polvo?

—No, Manolo, no tengo dinero.

—Es igual, entre amigos no vamos a andar cobrándonos, ¿no crees?

Toalla

Al boxeador gallego Manolo "Mano de Bosta" Muleiro lo estaban cagando a trompadas.

El entrenador en un rincón.

—¿Le tiro la toalla, Manolo?

—No, por Dios, a ver si se ofende y me pega aun más...

Oculista

El oculista al gallego.

—¿Ve bien esta letra, Muleiro?

—Sí, señora.

Mocos

—¿Por qué los gallegos se comen los mocos con tierra?

—No sé.

—Porque dicen que **el mundo es un pañuelo**.

Secreto

–Oye, Pepe. ¿Tú cómo mandas un fax cuando es confidencial?

–¡Hombre, Manolo! ¡Nada más fácil: lo mando doblado!

¡Pajarito!

–Oye, Paco, ¡voy a sacarte una foto! ¡Mira el pajarito!

En la foto sólo salió la nuca de Paco.

Porque cuando le dijeron que mirara el pajarito **él se agachó para mirarse entre las piernas.**

Muertos

Hay una fiesta de meigas y brujas gallegas.

Concurren todos los muertos.

El Manolo llega dos horas tarde.

–**¡Es que he venido cargando la lápida, joder!**

–¿Y por qué cargas la lápida, coño?

–**Es que yo jamás salgo sin documentos.**

¡Qué lo tiró!

–¿Cómo se escribe bala, Manolo?

–**Ponlo como suena, Paco, como suena.**

Y Paco escribió: **¡Pum!**

Gallego piola

–¿Cuánto vale este armario?
–**Tres mil.**
–Es mucho. Si lo baja, se lo compro.
–**De acuerdo: se lo dejo en dos mil.**
–Partamos la diferencia: hagamos **dos mil quinientos.**

Lejos

–¿Sabes, Manolo, que me he vuelto a casar? Ésta es mi quinta mujer.
–**¿Ah, sí? Y ¿dónde pasaste tu luna de miel?**
–Pues en el **quinto coño.**

Algo nuevo

–Venga, Paca. ¡Vamos a probar algo nuevo, mujer! ¡Deja que te la meta en la oreja!
–**Pero, ¿estás loco, Pepe? ¿Me quieres dejar sorda?**
–¡Anda, ya! ¿Acaso alguna vez te he dejado **muda**?

Moscas

El restaurante de Pepe Muleiro era tan sucio que entraban las moscas volando por una ventana **y salían vomitando** por la otra.

Finiiiiiiito

En el pueblo de Manolo Muleiro,
la iglesia era tan
pero tan finita, que al Cristo,
**en lugar de crucificado,
lo tenían ahorcado.**

Radial

El gallego Manolo era brutísimo.
Fue al hospital. El médico le
examinó detenidamente el brazo y
le dijo:
—**Tiene quebrado el radio.**
El gallego se levantó y se
fue a **un service.**

Compota

—Sabés, gallego, que compramos
la mitad de la manzana
donde vivimos.
—¿Piensan construir?
—¡Lógico, bolú! ¿O la vamos a
comprar para hacer compota?

¿De qué?

Entra el gallego Muleiro a un bar.
—¿Aquí hacen bocadillos (sándwiches)?
—**Depende.**
—Bien, hágame uno con mucho **pende.**

El mejor

—De modo que en el concurso de **"¿Quién sería su acompañante en una isla desierta?"**, has elegido a John Wayne, en vez de a mí, Paca.
—**Tú no serías capaz de luchar contra una fiera, ni de hacerme una choza, o encontrar comida, Manolo.**
—¡Joder! Pensándolo bien, Paca... ¡**yo también** preferiría a John Wayne!

Desconfianza

El gallego Manolo le hace un profundo corte a un cliente mientras lo afeita.
Deseoso de enmendar su error pregunta muy solícito:
—**¿Le envuelvo la cabeza en una toalla caliente?**
—No, gracias. Preferiría llevármela puesta.

Marineros

Los marineros gallegos acaban de desembarcar después de ocho meses en la mar.

—¡Espero tener, antes de media hora, una muchacha en cada brazo, Pepe!

—¡No creo que encuentres alguien que tatúe tan rápido, Manolo!

Guerra

—Oye, Paco, dime: **esa guerra entre los sexos... ¿cuándo ocurrió?**

¡Fea!

La Pepa Muleiro ¡es tan fea! Fue a comprar cremas de belleza. Pidió una marca.

—**Bueno, sí. Puedo darle esta nueva loción. Sirve para embellecer... Pero ¿¿¿tanto??? La verdad, no sé, no sé.**

Dentellada

—Abra usted bien la boca y no se mueva. No tenga miedo. No le va a doler absolutamente nada.

—**¡Dejate de decir pelotudeces, gallego! ¡Yo también soy dentista!**

Camisas

—¡Es formidable, Pepe: han dicho por la tele que inventaron la camisa sin botones!

—**¿Y cuál es la novedad, Paca? Hace diez años, desde que nos casamos, que yo llevo así mis camisas.**

Médico

El doctor **Riveiros,** que durante varias semanas había dado instrucciones de primeros auxilios a un grupo de enfermeras gallegas, decidió realizar una prueba práctica.

Mientras hablaba, vaciló, tambaleó **y rodó por el piso.**

Las enfermeras gallegas quedaron **paralizadas de espanto.**

Algunas gritaron; otras se pusieron de pie pero volvieron a caer sentadas.

Ninguna se adelantó a auxiliar al médico postrado.

Riveiros, entonces, se puso de pie.

—**¡Qué barbaridad! Si no pueden hacer nada frente a un desmayo, ¿para qué cuernos**

pierdo el tiempo enseñándoles?
—Pero, doctor... ¡es que creíamos que era **un infarto de verdad**!

Infantes

La gallega Paca habla con su esposo el Manolo de la reciente llegada de su segundo hijo:
—**Yo creo que nos convendría mudarnos** fuera de la ciudad.
—No servirá de nada. **Nos seguirá.**

Memoria

Un borracho a otro:
—**Me refugié en la bebida hace 32 años para olvidar** a Pilar Beltrán, Aribau 46; piso 4º, escalera B, Barcelona 12, España.

Verdad

—Se lo puedo garantizar, Muleiro: este auto se ha usado poco... **en realidad el dueño ni siquiera consiguió arrancarlo.**

¡Atchís!

—¿Por qué el gallego retardado y hambriento comenzó a gritar muy frustrado?
—**No sé.**
—Acababa de sonarse la nariz y **tiró el pañuelo.**

104

¡Feas!

La Paca Muleiro era feísima. Se hizo un lifting pero no resultó: debajo de su cara tenía otra, ¡exactamente igual!

▲

La gallega Pepa era tan horrible que sólo los mosquitos la querían por su cuerpo.

Celos

—Ya lo he decidido, ¡voy a separarme de Manolo!

—No te precipites. Los celos son una prueba de amor.

—¡Por eso! ¡Cada vez que Manolo ve a la Paca, nuestra vecina de al lado, con un tío cualquiera, le hace una escena!

Boletón

—¿Tiene algo más que decir, señor Muleiro, antes de que le haga la boleta por pasarse la luz roja?

—Pues sí: ¡que se gana usted la vida de una forma realmente estúpida!

¿Ehhhhh?

—¿Madre, la sordera es hereditaria?

—¿Cómo has dicho, hija?

—¿Qué, madre?

Gallego bruto

—¿Sabes, papá? La maestra pidió que prestáramos atención.

—Usted no me le presta nada a nadie. ¿Me ha entendido, coño?

Amarrete

Pepe Muleiro es tan amarrete que cuando invita a tomar un café a una mujer, le juega la cuenta **a una pulseada.**

Hombría

—Venga, vamos, Manolo: vente conmigo a beber unas copas
—**¡Si pudiera! Pero le prometí a mi mujer que...**
—¡Ven, hombre! Y olvídate de tu mujer. Al fin y al cabo, ¿eres hombre o ratón?
—**Soy hombre. ¡Mi mujer le tiene terror a los ratones!**

Medidas

—¿Te gustan las medias que te he tejido, Pepe?
—**Me quedan bien. Sólo me aprietan un poco en el cuello, Paca.**

Azafata

La azafata gallega era tan pero tan fea que cuando hacía la demostración de los medios de seguridad y se tapaba la cara con la mascarilla de oxígeno, los pasajeros estallaban en **una agradecida ovación.**

Dijo Muleiro

–Os advierto que entre una palmada en la espalda y una patada en el culo, sólo hay treinta centímetros. ¡Je!

▲

–Paca tiene las medidas equilibradas, perfectas: ¡95-95-95!

▲

–Algo terrible volvió a suceder anoche entre la Paca y yo: **nada.**

▲

–Mi mujer acortó nuestra frecuencia de hacer el amor una vez al mes. Pero conozco a dos tíos a los que se los suprimió por completo.

▲

–Es imposible hacer algo a prueba de tontos. Los tontos son muy ingeniosos.

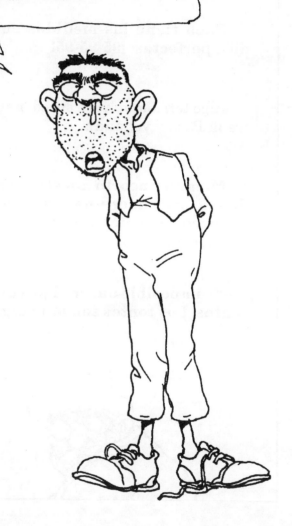

Suerte

La modelo gallega siempre llevaba una pata de conejo... **¡y la otra normal!**

¡Corre!

—¿Sabes, Pepe? Yo corro los 10 metros en 7 segundos.
—No es posible, Paco: el récord mundial es de 9 segundos.
—¡Es que yo tomo por un atajo!

Prisa, prisa

El gallego Muleiro, tan bestia siempre, entró en un restaurante y gritó:
—¡Tengo muchísima prisa! ¡Sólo tráiganme la cuenta!

En blanco

—Algunos gallegos compran stickers en blanco para pegar en sus parabrisas.
—¿Por qué en blanco?
—No quieren comprometerse.

Discusión

—¡Pero joder, Paco! Dime: ¿tú eres o te haces?

—**¡No te voy a permitir, Manolo! De ninguna manera te voy a permitir que me confundas... Yo... ¡Soy!**

Cultura

—Dime una cosa, Pepe. ¿Cómo hace caca el chivo?

—**Bueno... pues en forma de bolitas, como si fuesen píldoras, Paco.**

—¿Y el caballo, Pepe?

—**Pues... en bolas mucho más grandes.**

—¿Y las vacas?

—**Bueno, lo de las vacas ya es distinto. Son unos cagajones como platos.**

—Muy bien. Ahora dime: ¿cuántos millones de habitantes tiene Australia, Pepe?

—**Pues, no lo sé.**

—¡Joder, Pepe! ¡Tú sólo sabes **cosas de mierda!**

Test sexual para gallegos

Junto a cada afirmación, coloque una **V** de Verdadero o una **F** de Falso. Tiempo límite para responder: 20 horas.

1. **Clítoris** es una clase de flor.

2. **Vulva** es un coche sueco muy fuerte.

3. **Tubo de Falopio** es la parte de adentro del televisor.

4. **Vagina** es un término médico usado para indicar una dolencia cardíaca.

5. El **ciclo** menstrual tiene **tres ruedas.**

6. **Semen** es un término para marineros.

7. **Anus** es un término latino que denota un largo período de tiempo.

8. **Testículos** son los brazos de los pulpos.

9. **Cunnilingus** es una persona que habla más de **cuatro idiomas.**

10. **Coitus** es un instrumento musical.

11. **Cordón umbilical** es una parte importante **de un paracaídas.**

12. **Recto** es lo que tú eres por contestar a este test.

Porotito

–Doctor, doctor, cuando corro siento como si un poroto me rebotara dentro de la cabeza, ¿qué tengo doctor? ¿Qué tengo?

–**Nada grave, Manolo: un principio de cerebro.**

¡Ah, no!

–**Cuando mi hijo me enseñó sus notas con todo excelente, le juro, señorita profesora, que me quedé sorprendido y culo mojado.**

–Anonadado, Manolo, anonadado.

Pepe's Bar

–¡Mi sopa está tan horrible, Manolo!... ¡Hay como veinte moscas nadando en el plato!

–**Eso no es nada, Paco: la mía está tan mala, pero tan mala, que las moscas dan media vuelta y se van a tu plato.**

Trabajito

–¡Por fin! ¡Qué contento estoy, Paco! Me voy a trabajar a Santiago.

–**¿De qué, Pepe?**

–De Compostela.

Un cuento

—Dime, Pepa, ¿tú sabes contar?
—**Sí, Manolo.**
—¡Pues esta noche **no cuentes** conmigo!

El dedito

—¿Cuál es el colmo de un gallego?
—**No sé.**
—Pues facilísimo: perder el único dedo de frente que le quedaba.

Pobre-pobre

—**¿Por qué el gallego Manolo era tan pero tan imbécil?**
—No sé.
—**Llevaba a sus conquistas al autocine y se pasaba la noche espiando qué hacían en los otros autos.**

Tan rico

Grité el galleguito:
—**Mamá, mamá: la abuelita tiene un grano en la pierna.**
—¡Cállate y come **lo de alrededor!**

Entre cazadores

–¡Bang! Disparo y mato a un pato. Otro tiro, y una perdiz. ¡Pum! ¡Pum! Una liebre. ¡Pum! Otro pato. ¡Bang! Un conejo. ¡Bang! ¡Bang! Una torcaza. ¡Bang! ¡Pum! Tiro y mato otra perdiz.

–Pero ¿cuándo cargabas la escopeta, Manolo?

–**¡Si no me daba tiempo, joder!**

Velas

–¿Por qué no salen a rescatar a mi esposa en el barco?

–**Porque es de noche y no se ve nada, Manolo.**

–Pero ¿cómo? ¿No tiene "velas" el barco de ustedes?

¡Perfecto!

–A ver, Pepe, en la oración "Yo ato al perro", ¿cuál es el sujeto?

–**¡El perro!**

Agua

El borrachísimo.

–**¡Estoy sediento, señora!**

–Aquí tiene usted un poco de agua...

–**¿¿¿Agua??? ¡He dicho sediento, no mu-griento!**

Puntita

–¿Por qué murió el gallego hemofílico?
–**No sé.**
–Se quiso curar **con acupuntura.**

Suicidio

–Me habría encantado que una mujer se hubiese suicidado por mi amor.
–**¿Y?**
–Nada, ahí sigue diciéndome **"Manolo, lleva los niños al cole".**

Fulerísima

La Paca era horriblemente fea.
Fue a una adivina.
–**¿Qué te dijo la adivinadora, Paca?**
–Pues mira, ahora no recuerdo si me dijo **que iba a poseer una fortuna, o que, por fortuna, me iban a poseer.**

Bang-Bang

El gallego Manolo era tan pero tan bestia que **jugaba a la ruleta rusa con una metralleta.**

Carteles

Sticker en la puerta de la oficina
del gallego Muleiro:
Sonría a pesar de él.

▲

Letrero en una estación de servicio
perdida en la montaña:
**No nos pida ninguna información.
Si supiéramos algo
no estaríamos aquí.**

▲

Pintado en un baño de un tren en Galicia:
**No use el inodoro cuando el tren
está detenido.**
Abajo escribieron:
**Me causa risa y sorpresa
este aviso estrafalario.
Pues debe saber la empresa que
el culo no tiene horario.**

Lucecitas

–¿Cuántos gallegos hacen falta para cambiar una lamparita?
–Ni idea.
–Si llegan a encontrar uno que sepa, lo mandan a la universidad.

Chiquititas

–¿Sabes por qué hay tantos millones de hormigas en el mundo, Pepe?
–**Ni idea, Manolo.**
–Es que no hay condones de su medida.

¡Riiiinnng!

–**¡Telefónica de Galicia, buenas tardes!**
–Señorita, me han cortado el teléfono, pero ya he ido a abonar la factura.
–**¿Y entonces? ¿Cuál es el problema?**
–Pues, que ahora **¿cómo lo pego?**

A sus pies

Farmacia gallega.
–Buenos días, ¿qué tiene contra el olor de pies?
–**¡Asco, naúseas, repulsión, todo, todo!**
–Pues déme una cajita.

Dijo Muleiro:

–Alcohólico sí, **¡anónimo, nunca!**

Atrás

Autobús. Gallego toquetón.
–**¡Caballero! ¡Usted se ha confundido!**
–¡Pues no lo creo! ¿No es **una teta** lo que estoy tocando?

Se fue

El gallego Muleiro atendía el kiosco de revistas:
–**¿Salió "Claudia"?**
–Sí. ¿Quiere dejarle algo dicho?

Zapatazo

Muleiro en la zapatería:
–Quiero regalarle unos zapatos a mi madre.
–**Como no, señor, ¿qué número es su madre?**
–¡Madre hay una sola!
–**Me refiero al número de pies.**
–Dos. Usados.
–**No me entiende. Digo qué número de zapatos...**
–¡Joder! ¡Tiene al menos siete pares!
–**Andá a cagar, gallego.**

Orgías gallegas

El gallego Muleiro era tan bruto que creía que **sexo grupal** era cuando aparecía una **segunda persona.**

▲

El gallego Manolo era tan pero tan infeliz que una noche estaba follándose a una muñeca inflable y en eso entró el marido inflable de la muñeca inflable y lo cagó a patadas.

▲

—¿Qué se obtiene cuando se cruza un gallego con un cerdo?
—**Ni idea.**
—Verdadero amor.

Sin red

Pepe y Paco Muleiro se disponen a realizar una proeza sin precedentes: **llevarán a cabo sus saltos de trapecio ¡a cuarenta metros de altura y sin red!**

Tras los primeros balanceos se produce un denso silencio de tensión.

En un momento, se desprenden ambos de los columpios y vuelan hacia el centro para asirse mutuamente de las manos. Pero... ¡caen!

—¡Imbécil, te dije que quien se desprendía era yo, coño!

Vicios

—¿Sabes, Paco? Me costó muchísimo trabajo y un gran esfuerzo de voluntad, pero al fin he logrado vencer el vicio de intentar **dejar el cigarrillo, una y otra vez.**

Sombrerito

—Perdone, Muleiro, pero está sentado encima de mi sombrero...

—Ah... ¿se marcha ya?

Flash

—¡Al llegar a mi departamento, el portero me dio una patada muy fuerte!

—Le habrás faltado el respeto, Pepe.
—No. Era el portero eléctrico.

Gallego en el jardín

—¿Por qué los gallegos llevan sus coches al jardín de infantes?
—No sé.
—Para que después puedan ir a la **auto**escuela.

Eructo

—¿Por qué a los estudiantes gallegos les dicen "bicarbonato"?
—Ni idea.
—Porque lo único que saben es repetirlo todo.

¡Pum!

—¿Por qué los gallegos juegan al fútbol con pistola?
—No sé.
—Para **rematar** la jugada.

Pisleta

—¿Por qué han quitado el trampolín de la pileta municipal de La Coruña?
—No sé.
—Porque los gallegos se subían a él para mear.

¡Ring, ring, riiiinnng!

–¿Departamento de Atención al Consumidor de La Coruña?
–Sí, ¿tiene algún problema de consumo?
–Pues sí, ¡me están consumiendo los celos!

Sin cartón

–Doctorciño, doctorciño, ¿qué puedo hacer para que los supositorios no me hagan tanto daño?
–Pues, ¡sáquelos de la caja, Pepe!

Salado

–Mamá, mamá, Paquito tiene la pollita como una anchoa.
–¿De pequeñina, hija?
–No, de saladita, mamá.

Parecidos

–¿En qué se parece un gallego a una caja fuerte moderna?
–No sé.
–En que los dos son de **acción retardada.**

Fideos

Pepe Muleiro fue a un restaurante. Encontró un pelo en la sopa. **Armó un escándalo monumental** y se marchó ofendido.

El dueño del restaurante lo siguió y lo vio entrar en **un prostíbulo de quinta categoría**.

Llegó hasta la habitación donde estaba Muleiro y lo encontró con la cabeza metida entre las piernas de una puta re-sucia.

—**¡Gallego hijo de puta! ¡Me armaste un quilombo porque encontraste un pelo en los fideos y mirá lo que estás haciendo!**

—Un momentito: ¡que si en este coño encuentro un fideo también organizo aquí un escándalo de órdago, gilipollas!

Profundidad gallega

Los gallegos acaban de hacer una versión de la película porno *Garganta profunda*. La han titulado *Mano profunda*.

Robo

En una ruta gallega.

–¡Oficial, oficial! ¡Acaban de robarme el volante y el pasacasete!

–¡Siéntese adelante, hombre! ¡Siéntese adelante!

Sablazo

–Disculpe. Quiero llegar a General San Martín.

–Pues, entonces, tendrá que comprar usted un sable, un caballo blanco, unas botas, espuelas...

Atrás II

Autobús. El gallego le mete mano a una mina.

–¡Gallego de mierda! ¡Usted se confunde!

–Pues me parece que no. ¿No es un culo esto que estoy tocando?

Banana

Muleiro es tan bruto que le pidieron que comprara frutos de estación y se fue a buscarlos a Retiro, a la terminal de ómnibus.

¡Ujjjj!

Manolo es tan pero tan **feo** que se presentó en un concurso de feos y **le hicieron la prueba antidopping.**

Equívoco

El gallego Paco corría hacia el ascensor. Chocó con su jefe.
—¡¡¡**Otra vez tarde!!!** –gritó el jefe.
—¡Sí, sí! **¡Yo también!**

Pastas

—**¿Con el electricista? Oiga: soy Paco, del bar "Galicia". Se nos cortó un cable y está en cortocircuito.**
—¿Hace **masa?**
—**No, estamos preparando una paellita.**

Silloncete

—Vengo a ofrecerle un sillón usado.
—**¿Tapizado?**
—No, pero está **un poco meado** por los gatos.

Dijo Muleiro

—Sospecho que mi padre no me quería. Cuando yo era pequeño me enseñaba a andar en bicicleta sobre el tejado.

▲

—Mi computadora es exactamente como un ser humano. Cuando comete un error le echa la culpa **a otra computadora.**

Papeleta

El gallego Muleiro acababa de comprarse un auto.

Lo paró la Policía.

–A ver... muéstreme los papeles del auto.

–Va a ser imposible, oficial: los tipos de la agencia me lo dieron así, **sin envolver.**

Por hongos

–Oye, Paco, ¿cómo distingues tú los hongos comestibles de los venenosos?

–¡Hombre, nada más fácil! Si a la mañana siguiente te levantas... **¡eran comestibles!**

Siliconas

–Oye, Pepe, ¿por qué dices que Manolo es un verdadero perdedor?

–¡Joder, Paco! ¿Sabes cuál es su hobby?

–Pues no.

–¡Colecciona la cera de sus oídos!

Cinto

Aerolíneas gallegas.

–Rogamos a los señores pasajeros se ajusten inmediatamente los cinturones.

–¿Cuál es el problema, azafata?

–Se nos ha quemado la cena, ¡joder!

Vientos

–¿Cómo deletrean "alivio" los gallegos?

–Ni idea.

–P-E-D-O.

Sillas

–Manolo, hijo mío, ¿ya le has puesto la silla al caballo?

–Sí, pero no se quiere sentar.

¡Qué macho!

–Manolo, quiero decirte que tú eres como el hombre de acero para mí.

–¿Por qué me dices eso, Paca?

–Porque Súperman y tú sois los únicos que os ponéis los calzoncillos arriba de los pantalones, Manolo.

Fuego

El gallego Muleiro quería entrar a los Bomberos Voluntarios de La Boca.

–Suponéte, gallego, que llegás a un incendio, ¿qué hacés?

–Hombre, pues entro en puntitas de pie, calladito...

–¿Para?

–¡Hombre, coño, para que el fuego no se avive!

Fotos

La misión espacial gallega tenía como objetivo sacar fotos desde el espacio hacia la Tierra.

Regresaron y revelaron.

–¿Qué tal las fotos, Manolo?

–Más o menos. Algunos gilipollas se movieron.

¿Cómo?

–¿Sabés cómo les dicen a los gallegos? **Telo Barato.**

–¿Por qué?

–Nunca tienen jabón.

Noticiero gallego

Pronóstico del tiempo
para esta noche:
estará oscuro.

Entreacto

Chistes de
ARGENTINOS

¡Bonus!
Para los que **no** creen que esto es sólo
contra los gallegos.

¡Ojo!
Después de algunas páginas continúan
los chistes de gallegos, ¿eh?

–¿**Cómo definirías a un argentino?**
–Ni idea.
–**El argentino es un tipo que si un día se levanta con ganas de trabajar lo primero que hace es volverse a acostar para ver** si se le pasan las ganas.

¡Cheee!

–Dios sí que era modesto, bolú.
–¿**Por qué, bolú?**
–El tipo se fue a nacer a Belén **pudiendo nacer en Buenos Aires**, ¿te das cuenta, bolú?

Aryis

Llegan el Beto y el Cacho a Roma.

El Cacho se pone a hojear la guía.

–**Mirá, Beto, ¿te das cuenta? La guía de teléfonos está repleta** de apellidos argentinos. **¡Somo los mejores, somo!**

Argentino

–**¿Cómo me voy a arreglar para chamuyar en francés cuando viaje a París, Brocheta?**

–No te calentés, Cacho. El francés es todo con acento al final. Vos pedís lo que querés y le ponés acento al final.

Llega el Cacho a París. Restaurante. Pide:

–**Mozó: quieró un churrascó de lomó con papás fritás y ensaladá de tomaté, una bananá de postré y tiló.**

El mozo le sirve exactamente lo que había pedido. El Cacho reflexiona en voz alta.

–**¡Soy una fiera para los idiomas!**

–¡Calláte, boludo! Que si llegás a ligarte otro mozo que no fuera argentino como yo, **estarías comiendo bosta, ¡gilastrún!**

Como todos

Cuando los argentinos tienen un enorme complejo de inferioridad se sienten exactamente **igual que el resto de la gente.**

Yo y yo y yo

Un argentino. Un inglés.

El argentino le cuenta al inglés la novela que acaba de publicar. Tres horas, cuatro.

–Bueno, che... ya hablé un montón. Ahora vamos a hablar de vos. Decime, ¿qué te pareció mi novela, viejo?

Truco

El bebé de nueve meses jamás había articulado un sonido. De repente dijo: **¡Truco!** Y repitió: **¡Truco!**

Sus padres llamaron al médico.

–Mire, doctor, jamás dijo ni gagá, ni papá ni mamá ni nada, y de repente ¡Truco!

–Vamos a ver.

El médico miró fijamente al bebé. El bebé miró fijamente al médico y gritó:

–¡Truco!

–¡Quiero retruco!

–¡Quiero vale cuatro!

–¡A la mierda! ¡Esto es grave!

–¿Qué tiene, doctor, qué tiene?

–Y para mí que tiene el **ancho de espadas.**

Fúnebre

Avanza el coche fúnebre. El adolescente se aferra a la parte de atrás de la carroza.

–Papá, lleváme con vos. ¡No me abandones! ¡No me dejes en este lugar vacío sin vos!

—Bueno, ¡ánimo! La vida es así. Debés ser fuerte. Debés sobreponerte.

—¡Ma' qué sobreponerme, mi viejo es el que
maneja la carroza!

Bragueta

El **Beto Narguini** tenía un pedo monumental.
Estaba agarrado al buzón de Santa Fe y Callao.

—**Vamos, circule, circule.**

—Voy a circular, pero antes, agente, ¿podría
decirme si tengo la pija adentro o afuera del panta-
lón?

—**La tiene adentro.**

—¡La puta que lo parió! ¡Qué mala suerte! **¡Justo ahora que estoy meando...!**

Ovni

—Che, Cacho, si bajase un Ovni, ¿qué harías?

—**Lo trataría como a uno de nosotros.**

—Le darías abrazos, besos, saludo.

—**No, ¿sos bolú? Le afanaría el pasacasete,
le rompería la antena y le rayaría la pintura,
bolú.**

Auto

—**¿Qué hacés, máquina?**

—¿Qué decís?

—**¿Sabés que cambié el auto?**

—¿Lo cambiaste, man? ¿Y tu jermu, qué dice?
—¿Y yo qué sé? ¡Lo cambié por ella!

Amor loco

—Quiero besarte los sobacos, flaca, sorberte lo que tengas en la nariz, chuparte los pieses sucios y pasarte la lengua por...
—Hoy no, Cachito; ¡me duele la cabeza!

La cana

—Hola, ¿papá? ¡Entré en la Policía!
—¡Qué alegría! ¡Por fin has elegido un buen camino!
—¡Dejáte de joder, viejo, y vení a sacarme que estoy en la 33!

Chica

—No es lo mismo tener a la chica contenta **que el argentino esté contento con tenerla chica.**

Pollito

—¿Cuál es la diferencia entre un pollito recién nacido y un argentino?
—Ni idea.
—El pollito tiene que **romper los huevos por necesidad.**

Baño

–No es lo mismo poner los huevos a "baño María" **que ponérsela a María hasta los huevos en el baño.**

Algo

–**A nosotros, los cordobeses, no nos gustan los tucumanos.**
–¿Por qué?
–**Porque son todos unos ladrones. Mirá cómo será que en lugar de decir** algarrobo **dicen** algorrobo.

Asfalto

–Ustedes los santiagueños son todos unos dejados. Ni siquiera tienen asfalto en la calle principal de este pueblo.
–**¡¿Qué no vamos a tener?! Lo que pasa es que el asfalto está tapado con tierra para que no se lo roben ustedes los tucumanos.**

Andá

Sube un flaquito a un taxi; a los cinco minutos le dice al conductor.
–**¿Podría subir la ventanilla? Soy sietemesino y el aire me molesta.**
El taxista sube la ventanilla.

–Perdone, taxista, ¿podría bajar la radio? Soy sietemesino, ¿sabe?, me molesta la música.

El taxista apaga la radio.

–Taxista, por favor, no corra. Soy sietemesino, ¿sabe?, y la velocidad me hace mal.

El taxista aminora la marcha.

–No gire tanto, por favor. Soy sietemesino, ¿sabe?, y me molesta mucho cada vez que gira.

El taxista trata de ir más derecho.

–¡Ay, no frene, no frene! Soy sietemesino, ¿sabe?, y me molesta.

El tachero, en ese momento, para en seco. Se da vuelta.

–Oíme, boludo, ¿por qué no te vas **a la concha de tu madre** y te quedás **dos meses más**?

Atractivo

–Decime, Cacho, ¿qué harías si me encontraras en la cama con otro tipo?

–¿Sabés qué, flaca? Lo primero que haría sería tirar el bastón y el perro por la ventana.

–¿De qué hablás?

–Porque **solamente un ciego,** flaca, puede querer **acostarse con vos.**

Cero kilómetro

–Flaquita, te vendo este reloj.

–¿Funciona bien?

−¿Pero qué te pasa, flaquita? Hace **una hora en 45 minutos,** ¿cómo no va a funcionar bien?

¡Qué circo!

−Morocho, ¿a usted le gusta **el circo**?
−**El 4 me gusta, el 6 me gusta, el circo no.**

Misiadura

−¡Ropa usada! ¡Ropa usada! ¡Vendo ropa   usada!
−**Usted dice que vende ropa usada pero ¿dónde está la ropa?**
−Puesta. ¿Qué querés, bolú?

Camino

El padre era puto. El hijo era puto.
−Hijo mío: quiero que recuerdes siempre que el camino más corto hacia la felicidad es el recto.

Pasta

−A los vestuarios de Olivos les dicen **Concejo Deliberante.**
−**¿Por qué?**
−Porque están llenos de **ñoquis.**

Aquí terminó

Chistes de ARGENTINOS

"Cualquier otro tema que siga no tiene
la menor importancia".

(Un argentino)

Muñequita linda

–¿Por qué los gallegos no usan muñecas inflables?

–No sé.

–Porque tardan dos semanas sólo para pegarle los pelos en todo el cuerpo.

▲

–¿Cómo es una muñeca inflable gallega?

–Ni idea.

–Un tacho de basura de plástico con una vagina en el costado.

▲

–El gallego Muleiro compró una muñeca inflable negra y tuvo un fin trágico.

–¿Por qué?

–Murió de un ataque al corazón tratando de inflarle los labios.

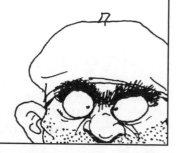

Con todo

—Esos tíos, creo, me engañaron, me prometieron un terreno con agua y luz, ¿sabes, Manolo? Cuando firmé la escritura me dieron un vasito con agua y una vela.
—¿Y tú reclamaste, Pepe?
—¡Hombre, claro! ¿O te crees que soy gilipollas? Les pedí cerillas. **¿Con qué iba a prender la vela, si no, coño?**

Muerto

Pepe Muleiro fue al velorio.
Vio a Paco que echaba su tarjeta de pésame en el tarjetero.
—Dime, Paco, ¿por quién hay que votar?

Traidores

Pregunta Muleiro:
—Los médicos que recetan supositorios, ¿son los que curan a traición?

Arriba

—En mi pueblo, allá en Galicia, hay una clínica a la que le dicen **"Cabo Cañaveral"**: cada tanto mandan uno al cielo.

Adrenalina

–¡Usted es un gilipollas, un hijo de la gran puta! ¡Es el peor paciente que he tenido, imbécil!

–**¡Pero, doctor Muleiro, el paciente está desmayado! ¿Por qué lo insulta así?**

–A ver si reacciona.

Ojito

–He ido al oculista, ¿sabes, Pepe? Porque veo todo nublado.

–**¿Y qué te ha dicho?**

–Que me quede tranquilo: está nublado pero no va a llover.

Pelota

–Carnicero, ¿tiene paleta?
–**No. Yo juego al fútbol.**

En las nubes

–¿Por qué las azafatas de Air Galicia están siempre **tan cansadas**?

–**Ni idea.**

–Porque corren todo el tiempo de un lado al otro del avión mostrando **fotografías de nubes**.

Loquito suelto

Sicoanalistas gallegos.

–¿Sabes, Manolo, que tengo un paciente que dice que es Napoleón?

–¿Estará loco?

–¿Sabes que yo creo que sí? Porque verás: éste mide como dos metros y Napoleón era más bien pequeñín, ¿verdad?

Por si...

El gallego toca el timbre en la farmacia de turno.

Se abre una ventanita y se asoma la Paca, que está buenísima, casi en pelotas:

–¿Está el farmacéutico?

–No... pero ¿y si viene?

Desfile

–Vengo por el aviso del periódico.

–Pero, gallego, nosotros pedimos señoritas no mayores de 20 años y de medidas perfectas para que desfilen en pelotas.

–Y por eso he venido. ¿Me dejaría usted mirar?

Sin

Entra el calvo Muleiro en la peluquería:
—¡Cabello!
—Pero... ¡si no tiene!
—¿Y por qué coño cree que le pido?

Jueguito

El gallego Manolo salía de la comisaría esposado con otros cinco. **Iban en hilerita.**

En eso apareció la Paca y el Manolo quiso disimular.

—**¡Martín pessscadorrr!... ¿Se podrá pasaaarrr?**

Pan, pan

—Dime, Manolo, ¿por qué le pedimos al Señor el pan nuestro de cada día?
—**¿Para que sea fresco, padre?**

Bañadores

—¿Por qué desaparecieron los mayas, Pepe?
—**Los mataron los indios tangas.**

Plomo

—¡Buenos días, señora! Soy el plomero; venía a arreglar el cuarto de baño.

–¡**Pero nosotros no llamamos al plomero.**
–¡Cómo! ¿No es usted la señora de Muleiro?
–**No, yo soy la señora Oleiro. Los Muleiro se mudaron de aquí hace seis meses.**
–¡Hay que ver cómo es la gente! ¡Llaman al plomero para una **reparación urgente** y cuando uno llega, **no están...!** ¡Joder!

No fui yo

–Paco Muleiro, se lo acusa de asesinato.
–**Soy inocente.**
–¿Tiene por lo menos una coartada?
–**¿Qué es eso, señor juez?**
–Quiero decir, si alguien le vio en el momento del asesinato, Muleiro.
–¡**Afortunadamente no, señor juez...!** ¡**Nadie, nadie!**

Gases II

–¿Este mes te vino mucho de gas, Manolo?
–**Casi nada, Paquiño. Estoy tomando unas pastillas que te matan los pedos.**

Alrededores

–¿Cómo se le llama al trozo de carne que rodea la vagina, Paco?
–**Labios**
–No, mujer...

Cabezón

El gallego Muleiro es tan bestia que nunca quiso ir a una cama redonda porque no sabía dónde poner la cabeza.

¡Qué pelea!

Peleaba Muleiro. Lo bajaron de una trompada.
—¡No te levantés antes de los 8!
—¿Y ahora, qué hora es?

¡Padre!

En la maternidad.
—¿Qué hará cuando le digan que es padre, Muleiro?
—**Os voy a regalar una estampita.**

Gran papel

—Me habías dicho que tu personaje en la obra era importantísimo, Manolo. Pero lo único que haces es entregar una carta.
—**¡Pero es una carta certificada, coño!**

Olvídame

En el bar.
—Muleiro, se ha olvidado de pagar.
—**¡Naturalmente! Yo bebo para olvidar...**

La fortuna

—**Mi padre hizo una gran fortuna, ¿quieres que te diga cómo, Pepe?**
—Con que no digas cuánto, Paca...

Muchas pulgas

—El cuarto es pequeño, los muebles viejos. ¡Lo encuentro caro, muy caro, señor Muleiro!
—¿**Cómo caro? ¿Qué dice, coño? ¡Si solamente en chinches y pulgas hay aquí más de mil dólares!**

Nada, monada

Manolo es guardián del Zoológico.
Una mujer muy cheta, le pregunta:
—¿**Dónde están los monos?**
—En la parte de atrás, haciendo el amor.
—¿**Cree que acudirán si les echo maníes?**
—¿Usted qué haría?

Subte

—¿**Sabías que van a subir el subte, Manolo?**
—¡Ya era hora, coño! ¡Así no habrá que bajar tanta escalera!

Declaración

—¿**Te quieres casar conmigo, Paca?**
—¡No!
—Bueno. Hablemos de otra cosa: ¿**me prestas diez mil pesetas?**

¡Ay, Manolo!

El gallego Manolo llega a su casa y encuentra a su esposa con un tipo en la cama.
 —**¡Esto lo pagará usted muy caro!**
 —¡Eh, que yo ya pagué...!

Bautizo

—**He estado en todo el mundo. He estado en el África.**
 —Entonces, habrás visto el nacimiento del Nilo, Manolo.
 —**Pues, el nacimiento no lo vi, pero asistí al bautizo.**

Polvazos

Dos abueletes gallegos se encuentran en un bar.
 —**Pues yo, aquí donde me ves, aún puedo pegar un par de polvos, Paco.**
 —Oye, ¿y qué te gusta más, Pepe?
 —**Sin ninguna duda, el de invierno.**

Bocaza

—**Pero ¿¿¿cómo puedes hablar con la boca tan llena, Manolo???**
 —Sé que es difícil. Por eso **me entreno todos los días.**

Rezo

–¿Cuántos años tienes, Pepita?
–**Ocho.**
–¿Y qué harás cuando seas como tu madre?
–**Un buen régimen.**

Visión

La adivina gallega.
–Tú sufrirás la miseria hasta los treinta años.
–**¿Y luego, doña Pepa?**
–Luego **te acostumbrarás a ella,** ¡joder!

Visita

–¿A usted le gustan los niños, Paco?
–**¡Yo como de todo, no se preocupe!**

No soy

–¿Y tú, dónde has nacido, Pepito?
–**Yo no he nacido,** ¡tengo madrastra!

¡Peor!

–¿Por qué pide lismosna usted?
–**Pues, pido porque llevo cinco años sin trabajo,** ¡joder!
–¿Y no tiene nada a la vista?

—¡Sólo me faltaría eso, coño: que además tuviera algo en los ojos!

Una sí

—¡Pobre Manolo! ¡Qué accidente! Menos mal que le han salvado la pierna buena.

—**¡Pero si tiene las dos de palo, Pepe!**

—¡Ya lo sé! Pero una **es de caoba,** ¡joder!

Edad

—Dígame, ¿a qué se debe que haya llegado a una edad tan avanzada, don Manolo?

—**¡A que soy muy pobre y no tengo dónde caerme muerto!**

Menú

El gallego Muleiro era tan bruto que en la cárcel decía:

—**¡Felicite de mi parte al cocinero! ¡El pan y el agua estaban buenísimos!**

Misterio

—Estoy quedándome ciego y sordo, ¿sabes, Pepe? No sé para qué quiere Dios que siga viviendo con 89 años.

—**No digas eso, Paco. El Señor tiene sus mo-**

tivos que a veces nosotros no alcanzamos a comprender, y si todavía te tiene aquí será que te ha reservado alguna tarea.

–¿Ah, sí? **¡Pues no la haré!**

Conductora

La Pepa Muleiro conduce su nuevo automóvil. Mira furiosa a su hijita Paca, de diez años, que de cuando en cuando prorrumpe en estrepitosas carcajadas.

Al fin, la Pepa no puede más y grita:

–**¡No me gusta que te rías de ese modo cada vez que atropello a alguien!**

Suposición

–Supongamos que está usted de guardia en un polvorín y de pronto estalla: ¿qué haría, Paco?

–**¡Pues disparar un tiro para dar la voz de alarma, joder!**

Darse por aludido

–Pero Manolo, tener la pocilga junto a sus habitaciones ¡no es sano!

–**¡No me jodas! ¡Es sanísimo, coño! ¡La prueba es que nunca se me ha enfermado ningún cerdo!**

Dijo Muleiro

–**¡Qué cosas tiene la vida, joder!** Ayer, sin un céntimo. **Y hoy, igual.**

▲

–Pues, sí, coño: para triunfar en la vida hay que ir siempre con la verdad por delante **y la mentira por detrás.**

▲

–Os prometo no volver a caer en los mismos errores **que seguiré cayendo.**

▲

–Si una mujer me abofetea sin razón, yo, como buen caballero que soy, no reaccionaré. Pero ¡ya **me la encontraré sola alguna vez!**

▲

–Que quede claro. Quien le roba a un ladrón es **otro ladrón.**

Promesa

Procesión por la montaña.
Los fieles llevaban la Virgen al hombro.
Manolo observaba desde una roca, veinte metros más arriba.
De pronto, Manolo tropezó y **cayó rodando**.
Golpeó contra una roca. Contra otra. Contra otra más.
Se rasgó la ropa con las espinas de los arbustos.
Se rasguñó la cara con los pinches.
Cayó justo **en medio de la procesión**. Muy magullado.
Los fieles corrieron a ayudarlo. Le sacudieron el polvo.
El cura se le aproximó y colocándole una mano en el hombro, le dijo:
—**¡Hermosa promesa, hijo mío, hermosa promesa!**

Beber

—Ven, Manolo, pasa, pasa. Como si estuvieras en tu casa. Ven, vamos a beber algo a la cocina.
—**Pero, Pepe... ¡tu mujer está en la cama con un tío!**
—¡Shh... baja la voz, coño! ¡A ver si lo despiertas! ¿No ves que en la nevera tengo apenas dos latitas de cerveza?

Ahogado

–¿Cómo resucitaría usted a un ahogado, Muleiro?

–Pues yo le refregaría la nariz con cebolla. Para que llore mucho.

–¿Y eso?

–¡Joder, hombre! ¿No sabe usted que llorar desahoga?

Roña

–¡Si será sucio el gallego Manolo! ¿Vieron eso negro que todos tenemos **entre los dedos** de los pies? **Bueno, ¡él lo tiene también entre los dedos de las manos!**

Cociente

–¿Cómo se le dice a algo gallego con un cociente intelectual de 180?

–**Ni idea.**

–Galicia.

Por los pelos

–¿Cómo se sabe que una gallega está avergonzada de sus largos y negros vellos?

–Ni idea.

–Porque usa guantes largos para taparlos.

Consejos a Manolín

Recuerda, hijo mío: hay dos maneras de lograr la felicidad. Una es hacerse el idiota; la otra, serlo.

▲

Evita las malas compañías: ¡**nunca andes solo!**

▲

Recuerda, Manolín: la noche es para dormir, el día para descansar.

▲

Está muy bien ser abstemio, pero **con moderación.**

▲

Y finalmente, hijo mío: el mejor amigo del hombre es otro perro.

Monumental

–¿Por qué los gallegos le han levantado un monumento al reloj de la iglesia del pueblo?
–**No sé.**
–Porque es lo único **un poquito adelantado.**

Perder las ideas

–¿Por qué los gallegos se ponen pegamento en la cabeza?
–**Ni idea.**
–Para fijar las ideas.

Anudaré

–**¿Por qué los gallegos se hacen tan apretado el nudo de la corbata?**
–No sé.
–**Para no perder la cabeza.**

Cordonazo

–¿Sabes por qué los gallegos no usan mocasines?
–**Ni idea.**
–Porque no saben dónde **ponerles los cordones.**

Pensamiento

Decía el brutísimo Manolo:

—Los que están a favor de la pena de muerte es porque **no la han sufrido en carne propia.** ¡Coño!

▲

—Mientras el Presidente duerme, ¿quién gobierna?

▲

–Yo todo lo que hago, lo ter...

▲

Nos dicen: **"Hay que ahorrar para el futuro".**
Y yo digo: **"Si el futuro quiere dinero, pues que ahorre él".**

¡Qué polvazo!

–¿Por qué los gallegos rallan las vacas?
–**No sé.**
–Para que den **leche en polvo.**

Gallegos infernales

–¿Por qué los gallegos creen que existe el infierno?
–**Ni idea.**
–Porque también creen que existe la **primafera, el ferano** y el **fotoño.**

¡Asesinos!

–**¿Por qué los gallegos rompen los relojes cuando están aburridos?**
–No sé.
–**Para matar el tiempo.**

¡Clang, clang!

–¿Por qué los gallegos en verano se ponen latas de coca-cola como zapatos?
–**Ni idea.**
–Para darles algún **refresco** a los pies.

Elefantería

—¿Qué es un elefante?
—**Pues...**
—Un elefante es un mosquito construido con precisas indicaciones de la **Secretaría de Cultura Gallega.**

Desaparición

—Buenas... vengo a denunciar la desaparición de mi esposa.
—**Pero ¿estás loco, Manolo? Esto es el cuartel de bomberos. ¡Vete a denunciar la desaparición al cuartelillo de la Guardia Civil, hombre!**
—Pero ¿te crees tú que yo soy tonto o qué? Si voy a la Guardia Civil, entre ellos y los polis hasta **es posible que la encuentren... Y, a decir verdad...**

Casas más

—¿Qué te pasa, Paco? ¿Por qué tienes esa cara?
—**¡Joder! ¡Como para no tenerla! Vino mi suegra a pasar unos días a casa y para ser gentil, le dije:** "Mi casa es su casa". **Y fue la muy cabrona, y ¡la vendió!**

Cerebro 2

El gallego Manolo era tan pero tan bruto que decía:

—La mujer por no quedarse soltera es capaz hasta de casarse.

▲

El gallego Manolo era tan pero tan bruto que decía:

—Las mujeres son como el 11: empiezan con uno **y terminan con** uno.

▲

El gallego Manolo era tan pero tan bruto que decía:

—Yo les puedo asegurar que si las mujeres fuesen buenas, Dios tendría una.

▲

El gallego Manolo era tan pero tan bruto que decía:

—A ver quién me lo desmiente: antes del matrimonio, el hombre habla y la mujer escucha; después del matrimonio, la mujer habla y el hombre escucha; cinco años después, los dos hablan y los vecinos escuchan.

Sin ropa

–¿Por qué no hay **nudistas** en Galicia?
–**No sé.**
–Porque a los gallegos les resulta sumamente difícil **hacer nudos.**

Colimba

–**Cuando el gallego Manolo fue a hacer la colimba se llevó "Gente", "Noticias" y "Caras".**
–¿Por?
–**Porque le dijeron que en el cuartel pasaban revista.**

Chistoso

–¿Por qué los gallegos usan pegamento para contar chistes?
–**No sé.**
–Porque a veces se parten de risa.

Popeye

–Pepe Muleiro compró toneladas de espinaca para fabricar tornillos.
–**¿Con espinaca?**
–Sí. Le dijeron que la espinaca **tiene hierro.**

Esa boquita...

–¿Por qué los gallegos no duermen boca arriba?
–Ni idea.
–Por si las moscas.

Vender buzones

–¿Por qué los gallegos han comprado buzones nuevos?
–Ni idea.
–Porque los viejos ya estaban llenos.

Invitados

–¿Sabes por qué los gallegos les sirven un cincel y un martillo a los invitados?
–No sé.
–Para que tengan algo que picar.

Pies

¿Qué sucede cuando se pone Devor Olor a los zapatos?
–No sé.
–El negro desaparece.

Puro humo

—¿Cómo se descubre que es un gallego el que está intentando dejar el tabaco?
—No sé.
—Porque es el único que enciende los cigarrillos mentolados de plástico.

Una eternidad

—¿Cuánto perdió el gallego que estuvo diez meses intentando adelgazar?
—Ni idea.
—Diez meses.

Rayadísimos

—¿Por qué los gallegos ponen discos rayados en las fiestas?
—Ni idea.
—Para bailar pasodobles.

Profundidad gallega II

—¿Por qué los gallegos estudian dentro de un pozo?
—No sé.
—Porque en el fondo no son tan tontos.

Gaitas

–¿Por qué los gallegos ponen cubitos de hielo en la tele?
–No sé.
–Para **congelar** la imagen.

▲

–¿Por qué los gallegos se ponen una silla en los ojos?
–Ni idea.
–Para aliviar la vista cansada.

▲

–¿Por qué los gallegos llevan un paraguas agujereado?
–No sé.
–Para saber cuándo ha dejado de llover.

▲

–¿Por qué los gallegos combaten la desocupación jugando al baloncesto?
–No sé.
–Porque el árbitro dice que **"hace falta personal"**.

Cultura gallega

Este espacio está auspiciado por la **Subsecretaría de Cultura Gallega.** Un momento artístico para los que dicen que los chistes de gallegos sólo son basura.

Teatro Gallego

Primer acto:
Un cura gallego se tropieza con una piedra.

Segundo acto:
El mismo cura gallego se tropieza con la misma piedra.

Tercer acto:
El mismo cura gallego se tropieza con la misma piedra.

Cuarto acto:
El mismo cura gallego se tropieza con la misma piedra.

¿Cómo se llama la obra?

"¡Reverendo pelotudo!"

Pésimo

–Oye, Manolo, ¿cómo te das cuenta de que tienes un pene pequeño?

–Hombre, elemental: tienes un pene pequeño cuando ella se lo pone en la boca y en lugar de chupar, sopla.

Muy duro

–Pepito Muleiro, ¿por qué le pegas a Paquito?

–Porque me lambió la comida.

–No se dice "me lambió". Se dice "Me lamió".

–No, señorita: me la lambió; porque si me la hubiera **miado** lo mataba.

Torta

–Oye, Manolo: prepárame una tortilla de caca.

–¿Con cebolla, Pepe?

–¡No! ¡Que luego me repite!

El ojo

El gallego Muleiro fue al iriólogo. El médico le miró el ojo.

–Bueno, Muleiro, tiene usted hemorroides.

–¿Ah, sí? ¡Pues ahora sólo falta que me mire usted el culo y me diga que tengo cataratas!

Dos

La fantasía de todo gallego es tener dos mujeres: una que le cocine y otra que... **le dé de comer a los cerdos.**

Gallegada

–Doctor, vengo a verlo porque mi mujer, la Paca, les habla a las plantas.
–¿Y eso qué tiene de malo?
–¡Es que les habla **pestes de mí,** joder!

Abuela

–¡Madre, madre, la abuela se tambalea!
–Pues ¡dispárale nuevamente, so niño imbécil!

Sed

Restaurante. El camarero, correctísimo, le pregunta al brutísimo gallego Manolo:
–¿Vino de la casa, señor?
–¿Y a ti qué carajo te importa **de dónde vengo, gilipollas?**

Casas menos

–¡Oye, Manolo, te he visto salir del cuartelillo de la Guardia Civil!

—Es que han violado a mi suegra. ¿Te das cuenta, Pepe? ¡No hay moral! ¡No hay decencia! ¡No hay **buen gusto!**

Tortilla

—Cuando mi mujer, la Paca, hace una tortilla, me la como entera.
—**¿Tan buenas son?**
—No... son durísimas: **¡no hay quien las corte!**

Cartel

**Sanatorio del doctor Pérez.
Sífilis. ¡De 100 casos, 90 curas!**

—¡Mira, Manolo, cómo está el clero en
este país...!

Lamparita

—¿Dónde puedo conseguir una lámpara de pie?
—**¿Quiere comprarla?**
—¡Hombre, claro!, no será para cederle el asiento, ¿no?

¡Joder!

—Madre, madre, ¿qué hay para cenar?
—**¡Calla, coño, y regresa al horno!**

Paella

—**¡Jodeeer, Paco! ¡Esta paella es una mierda! Te juro que me follaría la paella y le chuparía el coño a Pepa, la camarera!**
—Yo ya lo he hecho, Manolo: **la paella es mejor.**

¡La puta!

—Oye, Manolo: ¿tú sabes cómo se hace para que tres viejitas griten delante de todo el mundo "**¡La putísima madre que te parió!**"?
—**Pues no, Pepe.**
—Muy sencillo: se les pone al lado otra viejita que grite "**¡¡¡Bingo!!!**"

Mocos II

—Dime, Pepe: ¿cuál es la diferencia entre los mocos y los brócolis?
—**Ni idea.**
—Pues que a **los gallegos no nos agrada comer brócolis.**

Gases

–¡Joder, Pepe! ¡Qué olor a gas!
–**Seguramente es el encendedor, Manolo.**
–¿Qué? ¿Lo estás cagando?

Apagar

Tiroteo. Los dos guardias civiles, mientras continúan los tiros, hacen una pausa.
–**Me voy a cagar, Paco.**
–Te acompaño, Manolo.
Cagan.
–**Manolo, ¿tienes miedo?**
–No, Paco.
–**¿Estás nervioso, Manolo?**
–No, para nada. ¿Por qué me lo preguntas, Paco?
–**Porque me estás limpiando el culo a mí, Manolo.**

Sin ver

–Lo que le voy a decir, Muleiro, no es bueno. Le está saliendo un pene en la frente.
–**Pero, coño, entonces ¡no voy a poder ver a nadie!**
–Eso cuando le salgan los huevos, Muleiro. ¡Ahí sí que no va a poder ver a nadie!

¡No!

–Paca, ¡alguien se opone a nuestra boda!
–¡Por Dios! ¡Dime quién! ¿Quién?
–Pues ¡yo!

Atrasado

El director técnico del equipo gallego.
–**Tú, Manolo, el domingo jugarás bien retrasado. ¿Entendido?**
Y el bestia del Manolo fue a jugar el lunes.

Buenas

La Secretaría de **Bienestar Social de Galicia** piensa legalizar la prostitución... siempre que las mujeres **sean de buena reputación.**

Oído

En la carretera un gallego con el oído pegado al asfalto.
–**¡Fiat Uno, rojo intenso, 120 kilómetros por hora, tres ocupantes!**
–¡Qué maravilla! ¡Qué arte! ¡Qué oído! ¿Y está muy lejos? ¿En cuánto tiempo llegará?
–**¿Arte? ¡Hace diez minutos ese Fiat de mierda me pasó por encima, gilipollas!**

Gallegada

Se encuentran un ruso y un gallego en un tren.

El ruso, cultísimo, habla un excelente castellano.

—**¿De dónde es usted?**

—Verá usted: yo soy de Galicia...

—**¡Oh, España! ¡Qué estupendo país! Cuna de Lope de Vega. ¡Picasso, Miró, Dalí, exquisitos embajadores del arte!**

Miguel de Cervantes y el Quijote, monumentales españoles. ¡Y actualmente, españoles maravillosos: el rey Juan Carlos, Antonio Gala, finísimo escritor, Fernando Savater, un pensador extraordinario!

—Exacto. ¿Y de dónde es usted?

—**De Rusia.**

—¿Rusia? ¿Usted es de Rusia? ¡Ajááá! Estooo... **¡muy buena la ensalada!**

¡Roja!

Manolo había pagado a una **modelo de book** y pasó la noche con ella en un hotel.

A la mañana siguiente, cuando fue a mear, descubrió que tenía una marca roja alrededor del pene.

Visitó a un médico que le cobró 500 dólares y le recetó unas inyecciones aterradoras.

Manolo no se quedó conforme y fue a visitar al curandero de su pueblo.

El curandero le miró la polla apenas dos segundos.

—**Ya está, Manolo. ¡Estás curado! Me debes diez dólares.**

—¿Cómo curado? ¿Cómo curado? Si el médico me cobró 500 dólares y me dio inyecciones.

—**Pues verás, Manolo... Una de dos: o ese médico es un estafador o realmente no es capaz de distinguir, al verla, una mancha de lápiz de labios.**

¡Qué bolo!

—¿Cómo es una bola de bowling, gallega?

—**Ni idea.**

—Un adoquín con tres agujeros.

¡Qué tetas!

El gallego Muleiro se topó con un montón de sachets de leche en medio del campo.

—**¡Joder! ¡Mira esto, Manolo! He encontrado un nido de vacas.**

¿Qué dijo?

—Doctor Muleiro, estoy tan sordo que ya ni me oigo cuando toso.

—Tranquilo, hombre, le recetaré algo para que tosa más fuerte.

Pensaba Muleiro:

Lo mismo que ocurre con el dinero, ocurre con la gasolina de los aviones: **se gastan volando.**

¡Plash, plash!

—Usted me dijo que es músico y que toca un instrumento metálico. ¡Con razón tiene los labios amoratados, los dientes desviados, el velo palatino deformado, las amígdalas inflamadas y una cialorrea impresionante! ¿Qué instrumento toca, Muleiro?

—**Los platillos, doctor.**

Adentro

—He descubierto que tengo una gran belleza interior, sabes, Paco.

—¿Cómo es eso, Manolo?

—**El médico observó una radiografía que me sacaron y me dijo: ¡Joder! ¡Bonita úlcera tiene usted!**

¡Música, maestro!

Paco y Manolo escuchaban un concierto. Jugaban a ver quién reconocía mayor cantidad de instrumentos. Pudieron con todos, menos con el trombón a vara.

–¿Sabes qué, Paco? Debe haber algún truco allí con ese instrumento. Estoy seguro de que no se traga esa vara.

¡Jo!

El Manolo era tan **pero tan bruto** que un día se paró arriba de un montón de bosta **y pensó que se estaba derritiendo.**

Fir-mes

–¿Sabés por qué no dejan entrar gallegos al ejército?

–¿Por?

–No tienen cascos cuadrados.

Cerdo

–¿Cómo se le dice a un gallego que **se casa con un cerdo**?

–**Ni idea.**

–**Trepador social.**

Servicio

Cartel en un camión de la basura
en Galicia:

Servicio de lunch
para bodas

Zoo

Han propuesto construir el zoológico más grande del mundo: **pondrán una cerca alrededor de Galicia.**

Tradición

Una novia gallega debe vestir algo viejo, algo nuevo, algo usado, algo azul, algo naranja, algo lila, algo con puntillas, algo rojo, algo marrón, algo negro, algo deflecado, algo...

Festichola

–¿Qué hacen para divertirse los gallegos un domingo?
–**Ni idea.**
–Llaman al 113 y preguntan **"¿qué hora es, guapa?"**

Mala suerte

–Madre, madre, en la escuela me dicen gafe (mufa).
–**Tú no les hagas caso. Toma ese dinero y ¡cómprate un helado bien grande!**
–No... ¿para qué? ¡Si seguramente se me caerá como siempre!

Pufff

—¿Sabes, Paco? Mi hija es **igualita a mí.**
—**¡Estarás contento, Pepe!**
—Yo sí. Ella **no me lo perdona.**

El tajo

—¿Sabes, Manolo? El médico me ha dicho que tendrían que cortarme una pierna.
—¿Y por eso estás triste? ¡Hala, mujer! Te cortan la pierna ¡y tú **a bailar en una pata!**

¡¡¡Puafff!!!

El gallego Manolo era tan pero tan bestia que un día **se mordió un poco** la lengua y **decidió comerse el resto.**

Pase

—Hacer dinero es fácil, ¿sabes, Pepe?
—**Sí, lo difícil es pasarlo.**

En pesos

El gallego Muleiro hace dinero **a lo grande.**
Es decir: billetes **cuatro centímetros más largos de lo debido.**

Dijo Muleiro

Morir es como dormir sin
levantarse a mear.

En todos los otros libros
de MiX
dimos un adelanto
del siguiente.
Como éste es un
Libro de Gallegos,
la política de la casa
nos impide
dar fiado o regalar.
El próximo lo compráis.
¿Os quedó claro?

Libro interactivo

Si quiere opinar sobre este libro llame a nuestra editorial.

Una vez comunicado:

Si le gustó **Muchísimo**, marque el **"1"**.

Si le gustó **Mucho**, marque el **"2"**.

Si le gustó **Bastante**, marque el **"3"**.

Si le pareció **Horrible** marque el **"4690988 89787682673647500072546578909887766666 35475869908765231324307900003457465768"**.

Pepe Muleiro

Composición de originales
Laser Factory

Esta edición de 3.000 ejemplares
se terminó de imprimir en
Indugraf S.A.,
Sánchez de Loria 2251, Bs. As.,
en el mes de abril de 1998.